MERVEILLES

Pour Laurence Model,
Lucas, Nicolas et Salomé,
Jamil-Alexandre et Edward.

Merveilles

Délicieuses recettes au pays d'Alice

Christine Ferber
Philippe Model
Bernhard Winkelmann

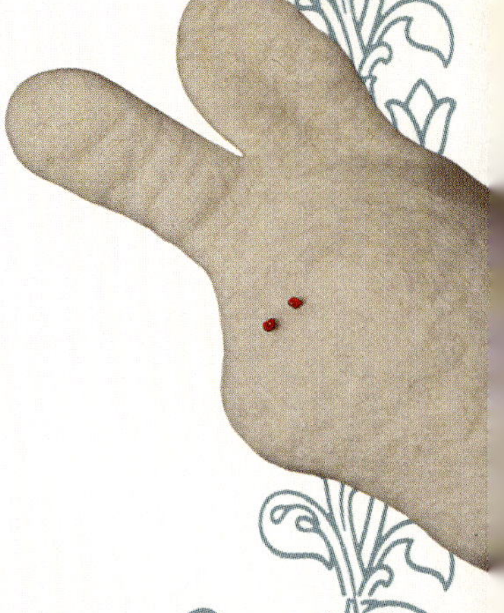

Éditions du Chêne

"Comme c'est ennuyeux un livre d'histoire sans images", soupire Alice, et elle s'endort sous un arbre. Elle rêve... "Voilà un lapin blanc... mais où court-il comme cela ?" Sûrement vers un monde justement plein d'images, de couleurs, de surprises et de fantaisie, car tel est l'esprit d'Alice, petite fille malicieuse, à la fois franche et un peu menteuse, qui sait remettre en question avec humour toutes les certitudes de notre prétendue civilisation. C'est la personnalité de la véritable Alice Liddell qui a inspiré le jeune professeur de mathématiques à l'université d'Oxford qu'était Charles Dodgson (Lewis Carroll, de son nom de plume), et qui l'a propulsé en grand précurseur du surréalisme ! Il avoue que c'est sous l'emprise d'une véritable *écriture automatique* que lui apparaît, par cet après-midi de juillet 1862, la trajectoire des rêves de la petite Alice : "Je commençais par envoyer mon héroïne tout droit dans le terrier d'un lapin blanc, sans avoir la moindre idée de ce qui allait suivre... et pièces et morceaux, idées disparates me vinrent spontanément à l'esprit..."

Lewis Carroll demande ensuite à John Tenniel, illustrateur attitré du journal satirique *Punch*, de croquer les personnages, puis tout s'enchaîne : *Les Aventures d'Alice au pays des Merveilles* devient l'un des plus grands succès de son époque. Depuis, les mises en image d'Alice se sont succédées au gré des modes contrastées de chaque époque, mais le dessin y garde toujours une place prépondérante. Or Charles Dodgson, s'il n'était devenu Lewis Carroll, aurait eu sa place dans l'histoire... de la photographie. Les centaines de clichés qu'il a réalisés manifestent eux aussi de sa relation magique avec l'enfance.

Dans une même logique surréaliste, celle où les jeux de l'imaginaire appellent des équivalences visuelles... et gustatives, les photographies qui interprètent l'Alice gourmande de ce livre plein d'images, de senteurs et de saveurs sont bien comme un retour aux sources !

Ph. M.

ALICE'S IN WONDERLAND

LES AVENTURES D'ALICE

LES RECETTES QU'ELLE Y DÉCOUVRE...

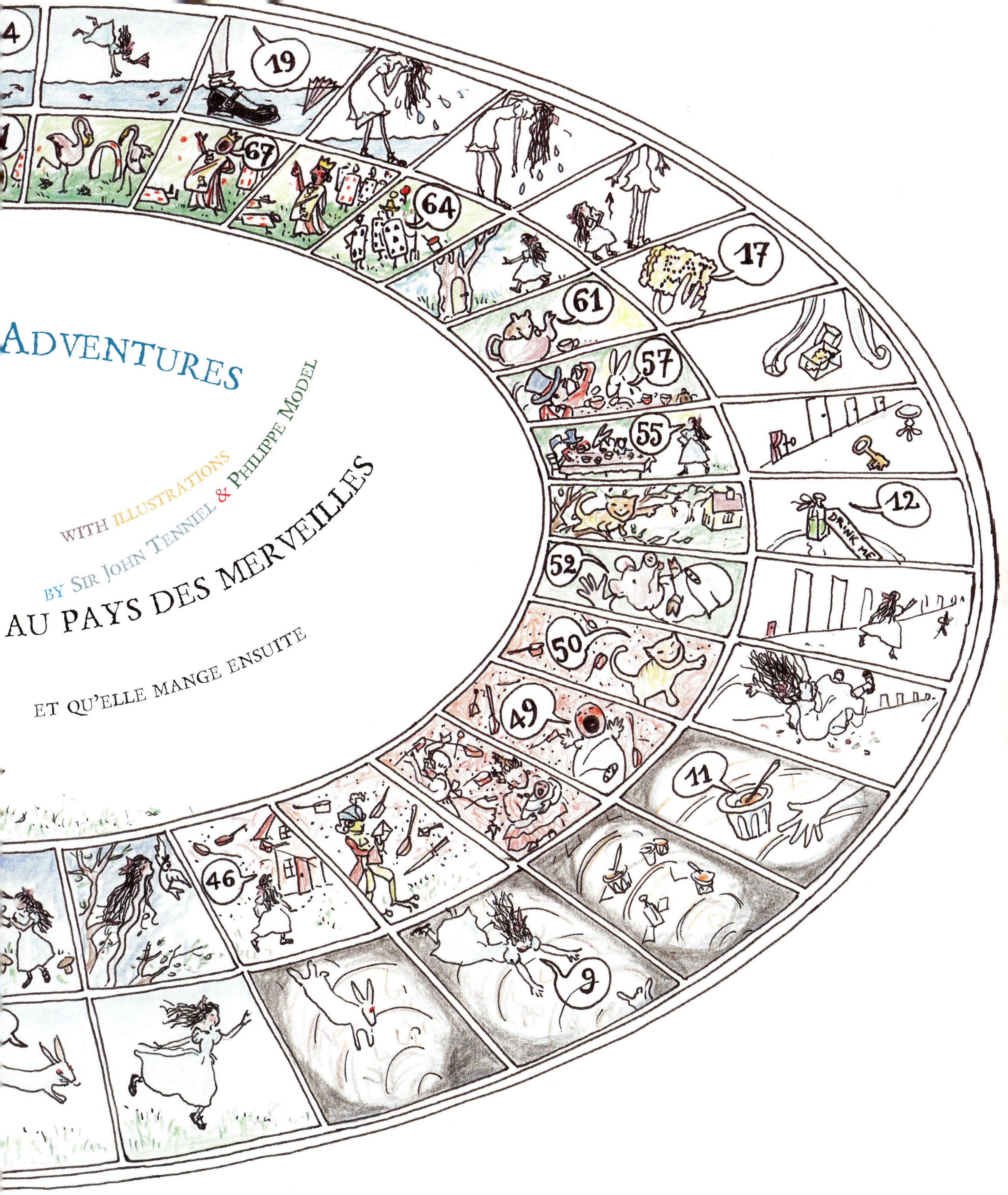

ADVENTURES

WITH ILLUSTRATIONS
BY SIR JOHN TENNIEL & PHILIPPE MODEL

AU PAYS DES MERVEILLES

ET QU'ELLE MANGE ENSUITE

... ALICE N'EUT QUE LE TEMPS

SHE FOUND HERSELF FALLING DOWN A VERY DEEP WELL

DE SE SENTIR CHUTER DANS UN PUITS TRÈS PROFOND...

Confiture de Pommes et Carottes au Gingembre

Pour 12 pots de 200 g
Préparation : 20 minutes
Cuisson : 20 minutes

1,2 kg de pommes granit soit 1 kg net
500 g de carottes soit 400 g net
1,2 kg de sucre cristallisé
2 citrons non traités
100 g de gingembre confit

Épluchez les carottes, détaillez-les en bâtonnets,
Déposez-les dans une petite casserole,
Couvrez-les d'eau et portez à ébullition,
Laissez bouillonner jusqu'à ce que
Les carottes soient tendres puis réservez.

Pelez les pommes, coupez-les en deux,
Ôtez les pépins, détaillez-les en petits dés,
Zestez et pressez les citrons.

Dans une bassine à confiture, mélangez
Les carottes, les dés de pommes, le sucre,
Le jus et le zeste des citrons, et portez à ébullition.

Écumez soigneusement en remuant toujours,
Ajoutez le gingembre confit découpé en fines lamelles,
Laissez bouillonner pendant dix minutes environ,
Vérifiez la cuisson puis mettez en pots.

AU PASSAGE UN POT DE MARMELADE

SUR UNE ÉTAGÈRE...

Alice remarqua
une minuscule clef d'or...

NECTAR DE FRAMBOISES ET VIOLETTES

POUR 1 LITRE DE SIROP
PRÉPARATION : 10 MINUTES
CUISSON : 5 MINUTES

700 g de framboises des jardins
300 g d'eau (30 cl)
200 g de sucre en poudre
3 gouttes d'essence de violettes

Rincez rapidement les framboises à l'eau fraîche.
Passez-les dans un moulin à légumes (grille fine),
Réservez la pulpe.

Dans une petite casserole, mélangez le sucre et l'eau.
Portez à ébullition, écumez, laissez refroidir,
Ajoutez l'essence de violettes.

Dans une bouteille, versez le sirop de violette,
Puis la pulpe de framboise.
Réservez au frais. Mélangez,
Et savourez ce nectar le jour même.

"WHAT A CURIOUS FEELING !" SAID ALICE. "I MUST BE SHUTTING UP LIKE A TELESCOPE." AND SO IT WAS INDEED...

"QUELLE ÉTRANGE SENSATION !" SE DIT ALICE. "ON DIRAIT QUE JE RENTRE EN MOI-MÊME COMME UN TÉLESCOPE." ET C'ÉTAIT VRAI...

Infusions et jus délicats

Jus de citrons à la cardamome
Pressez 2 beaux citrons dans un verre, mélangez le jus avec 30 g de sucre, 100 g d'eau (10 cl) et une pointe de couteau de cardamome moulue.

Thé Earl Grey aux épices
Faites une infusion avec du thé Earl Grey, ajoutez 1 pointe de couteau de zeste d'orange et d'épices à pain d'épices, laissez infuser 3 minutes, puis filtrez.

Jus d'oranges et framboises à l'anis
Pressez 2 oranges dans un verre, ajoutez-y 100 g de framboises, 30 g de sucre et une pointe de couteau de badiane moulue.

Jus d'agrumes à la cannelle
Pressez 1 orange, 1 pamplemousse et 1 citron, versez ce jus dans un verre garni de bâtons de cannelle.

Jus d'oranges à la menthe bergamote
Pressez 3 oranges, tapissez un verre de feuilles de menthe bergamote, versez-y le jus d'orange.

Thé Ceylan aux zestes d'orange et au poivre
Faites une infusion de thé, laissez infuser 3 minutes, puis filtrez. Versez-la dans un verre garni de zestes d'oranges coupés en fins tailladins et de 3 grains de poivre.

Jus de citrons aux dés de pommes et romarin
Pelez 1 pomme granit, coupez-la en 2, videz-la et découpez-la en petits dés. Dans un verre, mélangez les dés de fruit avec le jus d'un beau citron, 30 g de sucre et du romarin.

Cubes "Eat me" au citron et au gingembre

Pour 3 cubes
Préparation : 30 minutes
Cuisson : 8 minutes
Une plaque de four couverte de papier sulfurisé
Film alimentaire

150 g de farine de blé
125 g de beurre tempéré
100 g d'amandes émondées moulues
75 g de sucre glace
Le blanc d'1 œuf moyen (30 g)
3 pointes de couteau de zeste finement râpé
d'1 citron non traité
5 g de gingembre frais râpé

Tamisez la farine sur votre table.
Creusez un puits et répartissez les amandes moulues,
Le gingembre et le zeste de citron sur le rebord.

Déposez le beurre et le sucre glace dans le puits.
Travaillez-les du bout des doigts jusqu'à obtenir une crème.
Ramenez peu à peu la farine au centre
Et frottez délicatement ce mélange entre les doigts
Jusqu'à obtenir une texture qui rappelle le sable.

Ajoutez le blanc d'œuf, pétrissez doucement,
Roulez la pâte en boule.
Emballez cette pâte dans un film alimentaire
Et laissez-la reposer pendant 30 minutes.

Préchauffez le four à 180 °C (th.6).
Sur votre table légèrement farinée,
Étalez la pâte sur 2 mm d'épaisseur,
Découpez 12 carrés avec un emporte-pièce cannelé.

Disposez-les sur une plaque couverte d'un papier sulfurisé
En les espaçant de 3 cm afin que leur cuisson soit régulière
Et qu'ils ne collent pas entre eux.

Mettez à cuire 8 minutes environ
Garnissez les petits gâteaux d'une crème au citron
(voir recette p. 158).
Superposez ainsi quatre petits gâteaux
Et décorez-les de glace royale (voir recette p. 159).

"EH BIEN, JE VAIS DONC LE MANGER !"

Soupe de cresson

Pour 6 personnes
Préparation : 5 minutes
Cuisson : 10 minutes

300 g de cresson de fontaine
150 g de crème fraîche (15 cl)
750 g de bouillon de volaille
ou de veau ou de légumes (75 cl)
2 gousses d'ail
20 g de beurre
Sel, poivre du moulin

LA MARE DE LARMES

Rincez le cresson à l'eau fraîche.
Épluchez les gousses d'ail et hachez-les finement.
Dans une cocotte, faites fondre le beurre,
Ajoutez l'ail, et faites revenir quelques instants.

Versez le bouillon puis le cresson,
Portez à ébullition et laissez mijoter 5 minutes.
Mixez ce potage, salez et poivrez.
Ajoutez la crème fraîche au dernier instant.

COCKTAIL D'ALICE

POUR 6 PERSONNES
PRÉPARATION 30 MINUTES
6 verres

1 pamplemousse
60 g d'œufs de saumon
4 noix de Saint-Jacques
1 avocat
100 g de crème épaisse
1 petite botte de ciboulette
Quelques brins d'aneth

Découpez le pamplemousse à vif,
Retirez les quartiers,
Disposez-les dans les verres.

Garnissez-les d'œuf de saumon,
Couvrez de ciboulette finement ciselée.
Découpez les Saint-Jacques crues en lamelles,
Déposez-les dans les verres.

Mixez l'avocat et la crème épaisse, salez, poivrez.
Dressez la crème d'avocat sur les Saint-Jacques,
Puis décorez de quelques brins d'aneth.

Dégustez ce cocktail bien frais,
Accompagné de poissons sablés sucrés salés
(voir recette p. 24).

Cottage cheese au sesame grillé, ratte dorée

Pour 6 personnes
Préparation : 10 minutes
Cuisson : 25 minutes

800 g de petites pommes de terre ratte
500 g de cottage cheese
100 g de crème épaisse
10 g de beurre
50 g de sésame
25 g d'huile (2,5 cl)
1 petite botte de ciboulette
Fleur de sel
Sel, poivre du moulin

Dans une petite casserole, faites fondre le beurre.
Laissez frémir ; le beurre va prendre une jolie couleur dorée
Et un léger goût de noisettes.
Versez le sésame, remuez.
Laissez griller légèrement, puis réservez.

Dans un bol, mélangez
Le cottage cheese et la crème épaisse.
Salez et poivrez selon votre goût.
Réservez au frais.

Rincez les rattes à l'eau fraîche.
Dans une cocotte, faites chauffer l'huile,
Déposez les rattes
Et faites-les rissoler à feu doux pendant 20 minutes environ.
Salez de fleur de sel.

Garnissez le cottage cheese du sésame grillé
Et de la ciboulette finement ciselée.
Servez avec les rattes dorées.

“CE DOIT ÊTRE UNE

SOURIS FRANÇAISE ARRIVÉE ICI AVEC GUILLAUME LE CONQUÉRANT... »

POISSONS SABLÉS SUCRÉS SALÉS

POUR 60 POISSONS ENVIRON
PRÉPARATION : 30 MINUTES
CUISSON : 8 MINUTES
Une plaque de four couverte de papier sulfurisé
Film alimentaire

250 g de farine de blé
100 g de sucre glace
150 g de beurre tempéré
50 g d'œuf, soit 1 œuf moyen
25 g de noisettes en poudre
25 g de pâte pralinée ou pralin
(que vous pouvez acheter chez votre pâtissier)
20 g de sésame
20 g de pavot
50 g de lait (5 cl)
Fleur de sel
1 pincée de sel

Tamisez la farine sur votre table.
Creusez un puits.
Répartissez le sel et la poudre de noisettes,
Déposez le beurre, le sucre glace
Et le pralin au cœur du puits.
Mélangez ces ingrédients du bout des doigts
Jusqu'à obtenir une crème onctueuse.
Ramenez peu à peu la farine au centre,
Et frottez délicatement ce mélange entre vos mains,
Jusqu'à obtenir une texture sableuse.

Formez maintenant un nouveau puits.
Battez l'œuf dans un bol et versez-le.
Pétrissez délicatement pour obtenir une pâte douce,
En veillant à ne pas trop la travailler.
Puis roulez la pâte en boule.
Protégez-la en l'emballant dans un film alimentaire.
Laissez reposer cette pâte au frais pendant 30 minutes.

Sur votre table légèrement farinée,
Étalez la pâte sur 2 mm d'épaisseur,
Puis découpez des poissons à l'aide d'un emporte-pièce.

Disposez-les sur la plaque cuverte d'un papier sulfurisé,
En les espaçant de 3 cm afin que leur cuisson soit régulière
Et qu'ils ne collent pas entre eux.
Dorez-les d'un peu de lait à l'aide d'un pinceau.
Décorez-les de pavot ou de sésame.
Mettez à cuire 8 minutes environ.

CANARD FARCI AUX FRUITS SECS ET AUX AGRUMES

RECETTE p. 160

Chutney de mangue au citron vert et à la coriandre

Pour 5 pots de 200 g
Préparation : 15 minutes
Cuisson : 40 minutes
Papier sulfurisé

900 g de mangues, soit 500 g net
2 beaux oignons blancs
150 g de vinaigre de vin blanc (15 cl)
150 g de gewurztraminer (15 cl)
200 g de sucre cristallisé
150 g de miel de tilleul
5 grains de poivre noir concassés
40 grains de coriandre concassés
Le jus de 2 citrons verts

Épluchez les oignons blancs, émincez-les.
Pelez les mangues et ôtez-en les noyaux.
Coupez les quartiers de mangue en petits dés.
Dans une terrine, mélangez-les avec le sucre, le jus de citron vert,
Le poivre, la coriandre et les oignons émincés.
Couvrez d'une feuille de papier sulfurisé
Et laissez macérer pendant une heure.
Versez le vinaigre, le vin et le miel dans une casserole inoxydable.
Portez au frémissement et laissez réduire de moitié.
Ajoutez alors les mangues macérées,
Puis portez à ébullition pendant 20 minutes environ,
En remuant délicatement.

Mettez votre confit en pots et couvrez. Retournez vos pots,
Laissez refroidir jusqu'au lendemain, puis conservez au réfrigérateur.

CE FUT VRAIMENT UNE TROUPE DES

Plus singulières que celle qui se réunit sur le rivage... Tous trempés et mal à l'aise...

W. Rabbit's house

SHE WENT IN WITHOUT KNOCKING

ELLE ENTRA SANS FRAPPER

PETITS LÉGUMES DE PRINTEMPS

POUR 6 PERSONNES
PRÉPARATION : 15 MINUTES
CUISSON : 30 MINUTES

12 petites carottes
18 pois gourmands
6 petits choux-raves
6 petits céleris branche
1 échalote
1 branche de persil
100 g d'eau (10 cl)
50 g de beurre
Gros sel
Sel, poivre du moulin

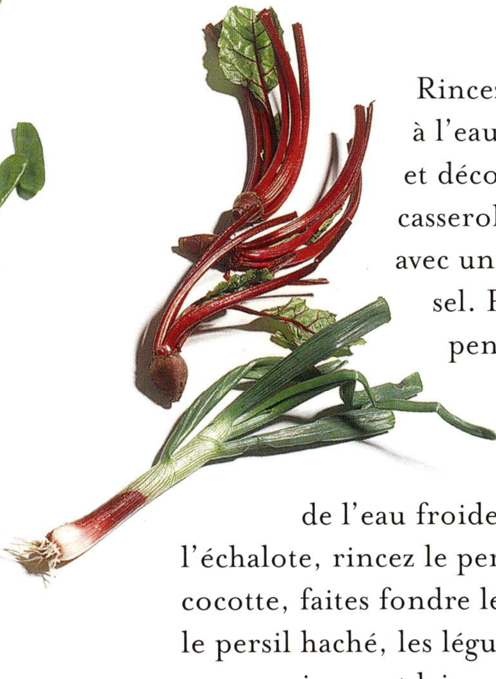

Rincez les légumes à l'eau fraîche. Nettoyez-les et découpez-les. Dans une casserole faites bouillir de l'eau avec une cuillerée à café de gros sel. Plongez-y les légumes pendant quelques minutes. Retirez-les à l'aide d'une écumoire et rafraîchissez-les dans une terrine contenant de l'eau froide. Émincez très finement l'échalote, rincez le persil et hachez-le. Dans une cocotte, faites fondre le beurre, ajoutez les échalotes, le persil haché, les légumes, l'eau. Salez, poivrez, et laissez mijoter à feu doux 10 minutes, en remuant de temps en temps, jusqu'à ce que les légumes soient glacés et tendres.

UNE GRÊLE DE PETITS CAILLOUX VINT CRÉPITER

Contre la fenêtre...

Petits cailloux

Préparation : 15 minutes
Cuisson : 8 minutes
Deux plaques de four légèrement beurrées et farinées
Papier sulfurisé
Poche et douille simple (8 mm de diamètre)

100 g de sucre semoule
100 g de farine de blé
60 g d'œufs, soit 1 gros œuf

Tamisez la farine sur un papier sulfurisé. Mettez l'œuf et le sucre dans un bol. Montez ce mélange à l'aide du fouet. Vous obtiendrez une crème onctueuse jaune pâle. Puis versez la farine en pluie en mélangeant délicatement avec une cuiller en bois. à l'aide de la poche et de la douille simple, dressez des petites boules sur les plaques du four légèrement beurrées et farinées. Dressez des petits gâteaux à trois centimètres d'intervalle. Les gâteaux vont sécher pendant une nuit. (à température ambiante 22 °C). Préchauffez votre four à 170 °C (th. 5-6). Mettez à cuire pendant 10 minutes. En cuisant, ils se soulèveront un peu et leur socle aura une couleur miel. Conservez ces petits gâteaux dans une boîte métallique. Vous pouvez aussi les saupoudrez de poudre de cacao avant la cuisson.

Alice knew it was the Rabbit coming to look for her!

Alice comprit que c'était le lapin qui essayait de la retrouver !

Feuilles de choux farcies et beurre noisette

Pour 6 personnes
Préparation : 30 minutes
Cuisson : 35 minutes

12 belles feuilles de choux vert
6 carottes
1 céleri
6 choux-raves
1 oignon
1 branche de persil
20 g d'huile (2cl)
100 g d'eau (10 cl)
20 g + 40 g de beurre
300 g de fond de légumes (30 cl)
200 g de chair de lapin
passée au hachoir (grille fine)
Gros sel
Sel, poivre du moulin

Rincez les feuilles de choux à l'eau fraîche.
Dans une casserole, faites bouillir de l'eau
Avec une cuillerée à café de gros sel,
Plongez-y les feuilles de choux quelques minutes.

Retirez-les à l'aide d'une écumoire
Et rafraîchissez-les dans une terrine d'eau froide.
Épluchez les autres légumes et coupez-les en petits dés,
Émincez finement l'oignon,
Rincez le persil et hachez-le.

Dans une cocotte, faites fondre 20 g de beurre ,
L'huile, les oignons, le persil haché,
Ajoutez les légumes coupés en petits dés, l'eau.
Salez, poivrez, laissez mijoter à feu doux 10 minutes
En remuant de temps en temps,
Jusqu'à ce que les légumes soient tendres.

Ôtez les côtes des feuilles de choux,
Mettez-les à plat dans une assiette.
Garnissez-les d'un peu de viande hachée,
Salée et poivrée, et de légumes.
Repliez les feuilles afin de former des petits coussins.

Préchauffez le four à 180 °C (th. 6).
Déposez les feuilles de choux farcies dans un plat à gratin.
Versez le fond de légumes chaud. Mettez au four 10 minutes.
Dans une casserole, faites fondre 40 g de beurre
Jusqu'à ce qu'il ait la couleur et le goût d'un beurre noisette.
Disposez les feuilles de choux dans des assiettes creuses
Nappez-les d'un peu de beurre noisette.

JUS DE LÉGUMES
RECETTES P. 38

“ VOILÀ BILL QUI S’ENVOLE ! ”

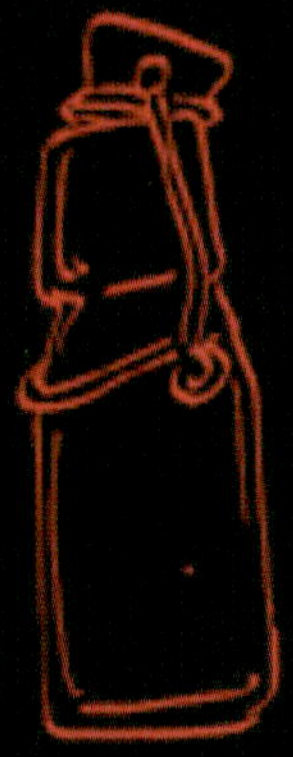

Jus de TOMATES à l'ANETH

Pour 6 personnes
Préparation : 15 minutes

1,4 kg de tomates, soit 800 g net
15 g de sucre en poudre
Quelques brins d'aneth
Un peu d'huile d'olive
50 g de vodka (5 cl)
Sel, poivre du moulin

Faites chauffer une casserole d'eau.
Incisez les tomates,
Plongez-les 1 minute dans l'eau bouillante.
Rafraîchissez-les dans une terrine
Contenant de l'eau froide.
Pelez-les, coupez-les en quatre, videz-les
De leur cœur et de leurs pépins. Réservez le jus.
Mixez très finement les quartiers de tomates,
Salez, poivrez selon votre goût.
Ajoutez le sucre en poudre,
Le jus des tomates réservé et l'alcool.
Garnissez de brins d'aneth
Et de quelques gouttes d'huile d'olive.

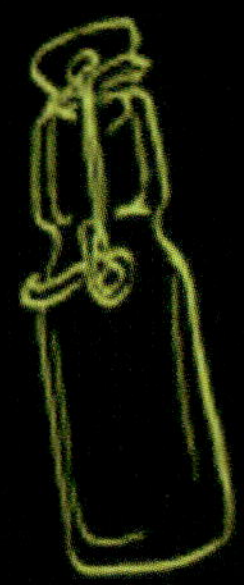

Jus de CHOUX-RAVES aux HERBES

Pour 6 personnes
Préparation : 20 minutes
Cuisson : 10 minutes

1,4 kg de choux-raves, soit 800 g net
10 g de sucre en poudre
Quelques brins de persil plat, ciboulette, thym
Le jus de 4 oranges
50 g de vodka (5 cl)
Sel, poivre du moulin

Épluchez les choux,
Découpez-les en fines rondelles.
Déposez-les dans une casserole,
Portez à ébullition,
Laissez mijoter jusqu'à ce que
Les légumes soient tendres.
Rincez les herbes à l'eau fraîche,
Coupez-les finement.
Mixez les légumes,
Salez, poivrez selon votre goût.
Ajoutez le sucre en poudre, les herbes,
Le jus des oranges et l'alcool.

Jus de CAROTTES et CARDAMOME

Pour 6 personnes
Préparation : 15 minutes

1,5 kg de carottes
30 g de sucre en poudre
4 citrons
50 g de vodka (5 cl)
4 pincées de cardamome moulue
Sel, poivre du moulin

Rincez les carottes à l'eau fraîche.
Découpez-les en fines rondelles.
Passez-les dans une centrifugeuse
Pour en extraire le jus.
Ajoutez le sure, le sel, le poivre,
La cardamome moulue
Le jus des citrons et l'alcool.
Garnissez de tailladins de zestes de citron.

Jus de RADIS ROSE et FRAMBOISES

Pour 6 personnes
Préparation : 15 minutes

700 g de petits radis rose
250 g de framboises des jardins
25 g de sucre en poudre
50 g de vodka (5 cl)
Sel, poivre du moulin

Rincez délicatement les framboises.
Passez-les dans une centrifugeuse
Pour en extraire le jus.
Rincez les radis à l'eau fraîche,
Coupez-les en fines rondelles.
Mixez très finement les radis rose,
Salez, poivrez selon votre goût.
Ajoutez le sucre, le jus de framboises et l'alcool.
Mélangez délicatement.

Servez ces jus bien frais.

UN ÉNORME PETIT CHIEN LA REGARDAIT…

ADVICE FROM A CA

LES CONSEILS DU VER À SOIE

TERPILLAR

Girolles et échalotes aigre-douces en cocotte

Pour 6 personnes
Préparation : 15 minutes
Cuisson : 15 minutes

1 kg de girolles fraîches
300 g d'échalotes nouvelles
20 g de beurre
20 g de miel de fleurs
50 g de vinaigre de vin (5 cl)
Sel, poivre du moulin

Rincez les girolles
à l'eau fraîche, nettoyez-les.
Épluchez les échalotes
En préservant les fanes.
Coupez-les en quatre
Dans le sens de la longueur.
Dans une cocotte en fonte,
Faites fondre le beurre et le miel.
Ajoutez le vinaigre,
Laissez réduire de moitié.
Déposez les champignons
Et les échalotes dans ce jus.
Salez et poivrez.
Laissez mijoter 10 minutes environ.

Morilles à la crème et têtes d'ail confites

Pour 6 personnes

Pour les morilles à la crème
Préparation : 30 minutes
Cuisson : 30 minutes

900 g de morilles fraîches
400 g de crème fraîche liquide (40 cl)
1 fine tranche de lard fumé
100 g de vin blanc sec (10 cl)
2 échalotes
10 g de beurre
Sel, poivre du moulin

Pour les têtes d'ail confites
Préparation : 5 minutes
Cuisson : 60 minutes

3 têtes d'ail
500 g de fond de volaille (50 cl)
100 g de vinaigre de vin (10 cl)
100 g de miel de fleurs
Sel, poivre du moulin

Pour les morilles :
Rincez de nombreuses fois les morilles à l'eau fraîche.
Dans une casserole, faites bouillir la crème fraîche et le lard.
Laissez infuser pendant 10 minutes.
Retirez le lard et déposez les morilles dans la crème aromatisée.
Laissez frémir à feu doux pendant 20 minutes.
Retirez les morilles à l'aide d'une écumoire et réservez.
Épluchez les échalotes, émincez-les finement.
Dans une cocotte en fonte, faites fondre le beurre et les échalotes.
Déglacez avec le vin blanc et laissez réduire.
Versez la crème aromatisée.
Laissez mijoter à feu moyen pendant 5 minutes pour concentrer ce jus.
Ajoutez les morilles. Salez et poivrez.

Pour les têtes d'ail :
Préchauffez le four à 170 °C (th. 5-6).
Coupez les têtes d'ail en deux à l'horizontale,
Et déposez-les dans une cocotte.
Dans une casserole en inox, faites réduire le miel et le vinaigre.
Versez ce liquide sur les têtes d'ail. Salez et poivrez.
Mettez au four et nappez régulièrement du fond de volaille.
Laissez cuire pendant 1 heure environ.
Les gousses d'ail seront tendres et délicieuses,
Servies sur une tranche de pain grillé et beurré.

Champignons et rondelles d'oignons enrobés

Pour 6 personnes
Préparation : 30 minutes
Cuisson : 15 minutes

200 g de champignons de Paris
200 g de pleurotes
200 g de girolles
200 g de cèpes
3 gros oignons rouges

Pour la pâte à beignets
1 litre d'huile d'arachide (pour la cuisson)
300 g de farine de blé
200 g de lait (20 cl)
100 g de crème fraîche (10 cl)
50 g de bière (5 cl)
2 œufs moyens (100 g)
Fleur de sel
Sel, poivre du moulin

Rincez les champignons à l'eau fraîche, nettoyez-les. Épluchez les oignons et découpez-les en larges rondelles. Dans une cocotte, faites chauffer l'huile (jusqu'à 180 °C).

Préparez la pâte à beignets : Tamisez la farine dans une terrine, ajoutez le lait, la crème, la bière et les œufs. Mélangez à l'aide d'un fouet en veillant à ne pas former de grumeaux. Salez et poivrez.

Enrobez les champignons et les rondelles d'oignons de pâte à beignets. Immergez-les dans le bain d'huile. Quand ils sont bien dorés, retirez-les à l'aide d'une écumoire. Déposez-les sur un papier absorbant. Parsemez-les d'un peu de fleur de sel et servez-les dans l'instant.

COCHON ET POIVRE

PIG AND PEPPER

“IL Y A SÛREMENT TROP DE POIVRE DANS CETTE SOUPE !” SE DIT ALICE ENTRE DEUX ÉTERNUEMENTS.

SEL
JEP

SOUPE AU POIVRE, LÉGUMES ET LARDONS

RECETTE P. 51

Le FROMAGE du CHAT du CHESTER
Welsh rarebit

Pour 6 personnes
Préparation : 15 minutes
Cuisson : 30 minutes
Un moule en faïence de 30 cm de diamètre

3 grandes tranches d'une miche de pain blanc
30 g de farine de blé
150 g de lait (15 cl)
375 g de fromage de chester râpé
20 g de moutarde
50 g + 50 g de beurre
Sel, poivre du moulin

Préchauffez le four à 210 °C (th. 7).
Tartinez 50 g de beurre sur 2 tranches de pain,
Puis faites-les dorer au four.
Dans une casserole, faites fondre 50 g de beurre.
Ajoutez la farine, laissez frémir en tournant énergiquement.
Versez le lait.
Portez à ébullition en remuant à l'aide d'un fouet.
Ajoutez le fromage râpé et la moutarde.
Mélangez jusqu'à ce que le fromage soit fondu.
Salez et poivrez.
Tartinez les deux tranches de pain grillées de cette crème.
Disposez-les dans un moule en faïence.
Dans la troisième tranche de pain,
Faites quelques découpes afin de réaliser la tête
Du chat (les yeux, les oreilles, le nez et la bouche).
Disposez ces découpes sur une des deux tranches
De pain garnies de crème au fromage.
Remettez le tout à dorer au four
Pendant 10 minutes environ.
Servez dans l'instant.

Soupe au poivre, légumes et lardons

Pour 6 personnes
Préparation : 30 minutes
Cuisson : 30 minutes

200 g de pois gourmands
200 g de chou-fleur
200 g de petites carottes
200 g de courgettes
1 tranche de lard fumé
1 kg d'eau (1 l)
1 oignon de mai
20 g de beurre
3 gousses d'ail
Sel, poivre du moulin

Rincez les légumes à l'eau fraîche.
Nettoyez les pois gourmands et les carottes.
Découpez les courgettes en petits dés.
Séparez le chou en petites fleurs.
Épluchez l'oignon de mai et les gousses d'ail.
Émincez-les finement.

Découpez la tranche de lard en petits morceaux.
Dans une cocotte, faites fondre le beurre, l'oignon, l'ail, le lard.
Déposez les légumes préparés. Salez et poivrez.
Laissez cuire à feu moyen pendant 3 minutes,
En remuant délicatement.
Versez l'eau, portez à ébullition.
Laissez mijoter à feu doux pendant 20 minutes.
Rectifiez l'assaisonnement.

« POURQUOI VOTRE CHAT SOURIT-IL COMME CELA ? »

PORC, POIRES,
ET POIVRES
RECETTE P. 160

“CE N’ÉTAIT NI PLUS NI MOINS QU’UN COCHON !”

Muffins

Pour 6 personnes
Préparation : 15 minutes
Cuisson : 10 minutes
La plaque d'un fourneau en fonte

500 g de farine de blé
300 de lait (30 cl)
30 g de beurre tempéré
10 g de sucre en poudre
10 g de sel
15 g de levure de bière

Le goûter du chapelier fou et du lièvre de Mars avec le loir et Alice

A mad afternoon tea-party a mad afternoon tea-party a mad afternoon tea-party a mad afternoon tea-party –

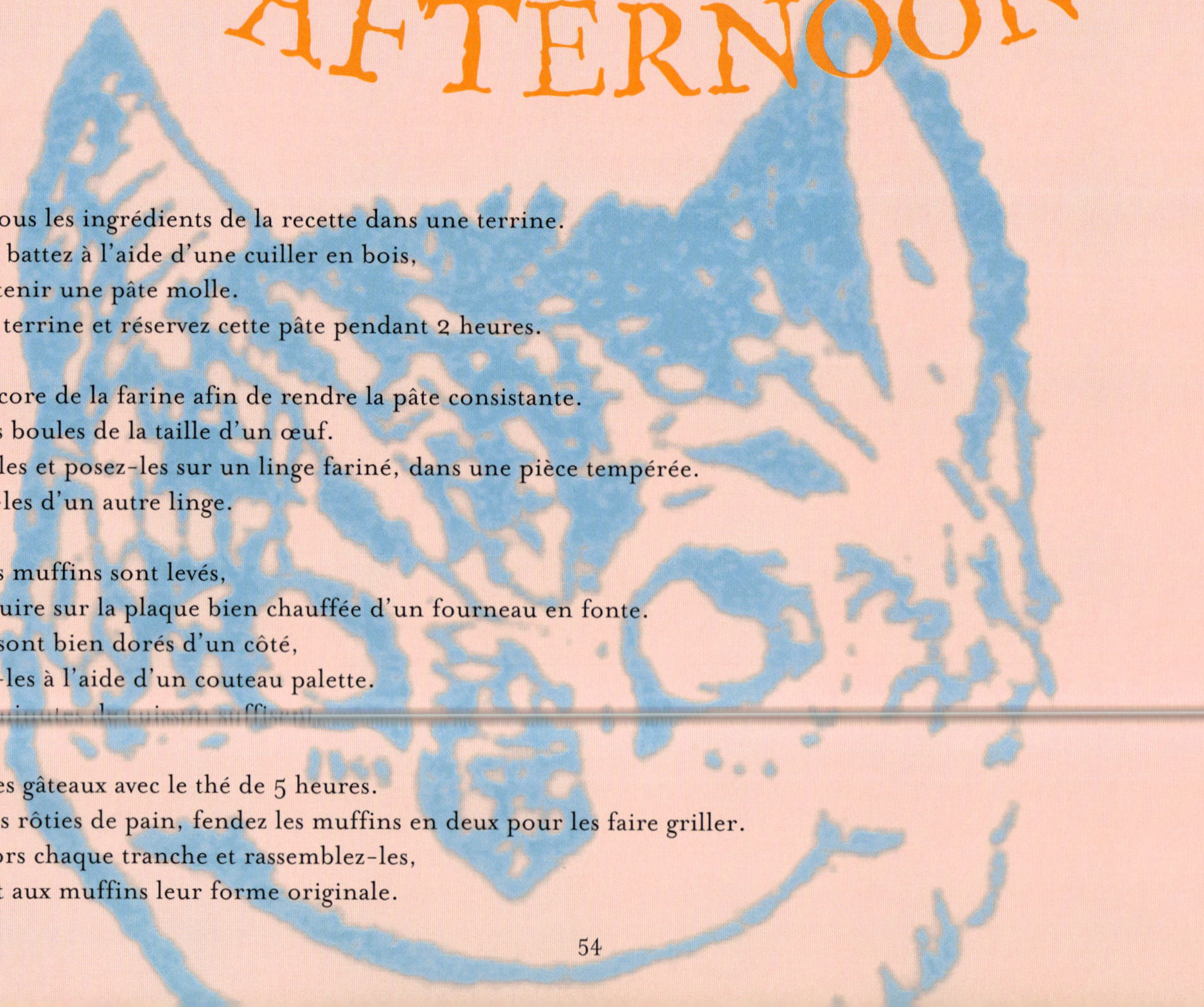

Mélangez tous les ingrédients de la recette dans une terrine.
Tournez et battez à l'aide d'une cuiller en bois,
Jusqu'à obtenir une pâte molle.
Couvrez la terrine et réservez cette pâte pendant 2 heures.

Ajoutez encore de la farine afin de rendre la pâte consistante.
Formez des boules de la taille d'un œuf.
Aplatissez-les et posez-les sur un linge fariné, dans une pièce tempérée.
Recouvrez-les d'un autre linge.

Lorsque les muffins sont levés,
Faites-les cuire sur la plaque bien chauffée d'un fourneau en fonte.
Lorsqu'ils sont bien dorés d'un côté,
Retournez-les à l'aide d'un couteau palette.
Quelques minutes de cuisson suffisent.

Dégustez ces gâteaux avec le thé de 5 heures.
Comme des rôties de pain, fendez les muffins en deux pour les faire griller.
Beurrez alors chaque tranche et rassemblez-les,
En rendant aux muffins leur forme originale.

Cake pommes, oranges et whisky

Pour 6 personnes
Préparation : 30 minutes
Cuisson : 35 minutes environ
Un moule à cake en forme de fleur

1 pomme idared
1 orange
100 g de beurre tempéré
60 g de sucre en poudre
65 g d'œuf, soit 1 gros œuf
175 g de farine de blé
10 g de lait (1 cl)
20 g de whisky (2 cl)
4 g de levure chimique
200 g de confiture d'abricots
15 g de gingembre frais râpé

Pour la décoration
Quelques fruits confits

Préchauffez le four à 200 °C (th. 6-7).
Épluchez la pomme, évidez-la et découpez-la en dés.
Coupez les oranges à vif pour en retirer les quartiers.
Dans un bol, mélangez les fruits et le whisky et réservez.
Beurrez et farinez légèrement le moule à cake.
Dans une terrine, mélangez le beurre bien tempéré et le sucre,
À l'aide d'une cuiller en bois.
Ajoutez l'œuf, le lait, la farine, le gingembre râpé, la levure.
Tournez délicatement,
Puis, incorporez les fruits frais alcoolisés.

Mettez à cuire pendant 35 minutes environ,
En veillant à baisser la température à 180 °C (th. 6).
Le cake va bomber et joliment dorer.
Démoulez le cake sur une grille et laissez refroidir.
Dans une petite casserole, chauffez la confiture d'abricots.
Abricotez le cake à l'aide d'un pinceau.
Décorez-le avec les fruits confits.

"ICI, C'EST TOUJOURS L'HEURE DU THÉ…"

PUDDING DES FOUS
RECETTE P. 161

Gelée de fruits

Pour 8 personnes
Préparation : 20 minutes
24 heures de réfrigération
Un moule d'une contenance de 1,5 litre

500 g de jus de fruits frais (50 cl)
500 g d'eau minérale (50 cl)
200 g de sucre en poudre
40 g de feuilles de gélatine
Facultatif : fruits rouges (fraises, framboises...)

Pour la décoration
Fraises cristallisées

La veille, déposez les moules dans le réfrigérateur.
Faites ramollir les feuilles de gélatine
Dans un grand bol d'eau froide.
Mélangez le jus de fruits, l'eau minérale
Et le sucre dans un autre bol.

Égouttez les feuilles de gélatine,
Faites-les fondre dans un bain-marie.
Ajoutez dans la gélatine fondue
Un quart de la préparation de fruits sucrée.
Faites tiédir à nouveau.

Versez ce jus tiède dans le reste de jus de fruits sucré.
Mélangez à l'aide d'un fouet et versez dans le moule.
Vous pouvez garnir le moules de fruits rouges frais.
Remplissez alors le moule à moitié de jus de fruits gélifié,
Laissez figer.

Garnissez de fruits frais
Couvrez à nouveau de jus de fruits gélifié.
Laissez figer une nuit au réfrigérateur.
Le jour même, déposez quelques instants le moule
Dans un bain d'eau chaude, démoulez,
Et décorez de fraises cristallisées.
Servez cette gelée de fruits bien fraîche.

Vous pouvez préparer ces gelées avec le jus de toutes sortes de fruits (framboises, fraises, myrtilles, citrons, pamplemousses, oranges...).
Dans un même moule, vous pouvez réaliser une composition de plusieurs parfums de fruits en coulant les jus gélifiés les uns après les autres dans le moule.

TUILES AU PAMPLEMOUSSE GLACÉES

POUR 40 TUILES ENVIRON
PRÉPARATION : 10 MINUTES
24 HEURES DE RÉFRIGÉRATION
CUISSON : 15 À 20 MINUTES ENVIRON
Une plaque de four
Une plaque de four en forme de gouttière

80 g de beurre fondu froid
100 g de sucre en poudre
20 g de jus de pamplemousse (2 cl)
15 g de farine de blé
100 g d'amandes en grains
Le zeste finement râpé d'un quart de pamplemousse non traité

POUR LA GARNITURE GLACÉE DES TUILES
voir recettes p. 159

1/2 litre de sorbet myrtille et réglisse
1/2 litre de sorbet au pamplemousse jaune
1/2 litre de sorbet à la fraise
1/2 litre de sorbet à la menthe

La veille, mélangez dans un bol le sucre, le zeste, la farine et les amandes. Ajoutez le jus de pamplemousse puis le beurre fondu. Remuez délicatement avec une cuiller en bois. Laissez reposer cette préparation une nuit au réfrigérateur. Le jour même, préchauffez le four à 150 °C (th. 5). Répartissez sur une plaque du four de petites noix de pâte à tuiles. Aplatissez-les très finement avec le dos d'une cuiller.

Laissez, entre chaque tuile, un espace d'au moins 3 cm. Mettez à cuire pendant 15 à 20 minutes. Les tuiles seront alors joliment dorées. Retirez-les de la plaque dans l'instant à l'aide d'un couteau palette et déposez-les dans la plaque à gouttières pour les onduler. Lorsque les tuiles sont froides, dressez les petits gâteaux glacés : disposez une tuile dans chaque assiette. Garnissez d'une quenelle de sorbet.

Couvrez d'une deuxième tuile et d'une autre quenelle de sorbet. Composez ainsi chaque dessert de 4 tuiles et de 4 quenelles de divers sorbets. Dégustez les tuiles au pamplemousse glacées dans l'instant. Accompagnez-les d'une infusion à la menthe et au poivre.

LE TERRAIN DE CROQUET DE LA REINE DE CŒUR

SOUPE DE GRIOTTES À LA ROSE

POUR 6 PERSONNES
PRÉPARATION : 20 MINUTES
CUISSON : 10 MINUTES

1,3 kg de griottes, soit 1 kg net
200 g de sucre cristallisé
100 g d'amandes effilées
50 g d'eau de rose (5 cl)
3 roses

Rincez les griottes à l'eau fraîche.
Équeutez-les et dénoyautez-les.
Dans un casserole, mélangez les griottes et le sucre.
Portez au frémissement.
Versez dans une terrine.
Réservez au frais jusqu'au lendemain.
Au moment de servir cette soupe,
Ajoutez les amandes effilées,
L'eau de rose et les pétales de roses.
Dégustez ce dessert bien frais,
Accompagné d'un sorbet aux fraises
(voir recette p. 159).

THE QUEEN'S CROQUET-GROUND

Cartes sablées aux noix

Pour 6 personnes
Préparation : 30 minutes
Cuisson : 8 minutes
Deux plaques de four couvertes de papier sulfurisé
Film alimentaire

100 g de farine de blé
75 g de sucre en poudre
75 g de beurre froid
40 g d'œuf, soit 1 petit œuf
75 g de noix finement râpées
3 pointes de couteau de zeste finement râpé d'une orange non traitée

Pour la décoration
100 g de glace royale (voir recette p. 159)
Colorant alimentaire rouge
Colorant alimentaire noir
20 g de whisky (2 cl)

« Qu'on leur tranche la tête ! » hurla la reine.

Tamisez la farine sur votre table, creusez un puits. Répartissez les noix finement hachées et le zeste d'orange sur le rebord. Déposez le beurre et le sucre dans le puits et travaillez-les du bout des doigts jusqu'à obtenir une crème onctueuse. Ramenez la farine au centre. Frottez délicatement ce mélange entre les doigts jusqu'à obtenir une texture qui rappelle le sable. Ajoutez l'œuf. Pétrissez doucement puis roulez la pâte en boule. Emballez cette pâte dans un film alimentaire. Laissez-la reposer pendant 30 minutes au frais. Préchauffez le four à 180 °C (th. 6). Sur votre table légèrement farinée, étalez la pâte sur 3 mm d'épaisseur. Découpez des rectangles de la taille d'une carte à jouer. Disposez-les sur les plaques du four en les espaçant de 3 cm. Mettez à cuire 8 minutes environ jusqu'à ce que les carrés soient dorés. Dans un bol, mélangez la glace royale et le whisky. Trempez une face des petits gâteaux dans la glace royale aromatisée. Laissez sécher. À l'aide d'un cornet de papier, décorez les cartes à jouer d'un peu de glace royale teintée.

“NON-SENS !” DIT ALICE D'UNE VOIX FORTE ET DÉCIDÉE,

CŒURS DE ROSES

POUR 6 PERSONNES
PRÉPARATION : 30 MINUTES
Poche et douille simple

6 roses blanches
6 roses rouges
6 litchis dénoyautés
100 g + 50 g de framboises des jardins
200 g de crème fraîche liquide (20 cl)
25 g de sucre glace
15 g d'eau de rose (1,5 cl)

Dans une assiette, écrasez 50 g de framboises avec une fourchette. Dans le bol de votre robot ménager (refroidi 15 minutes au réfrigérateur), mélangez la crème fraîche, les framboises écrasées, le sucre glace et l'eau de rose. Fouettez pour obtenir une chantilly. Retirez les pétales du cœur de chaque rose. A l'aide d'une poche et d'une douille simple, dressez un peu de crème dans les roses. Garnissez les roses rouges des framboises entières et les roses blanches d'un litchi. Servez dans l'instant.

Ispahan, le macaron litchi, framboise et rose, de mon ami Pierre Hermé, m'a inspiré cette composition gourmande.

ET LA REINE SE TINT COITE.

Jardins confits

Pour 6 personnes
Préparation : 30 minutes
Cuisson : 8 minutes
Deux plaques de four couvertes de papier sulfurisé
Film alimentaire

100 g de farine de blé
75 g de sucre en poudre
75 g de beurre froid
40 g d'œuf, soit 1 petit œuf
75 g d'amandes finement râpées
20 g de kirsch (2 cl)

… La Moutarde n'est pas un oiseau…

Flamingoes and Mustard both bite!

Les flamants roses comme la moutarde piquent !

Tamisez la farine, creusez un puits. Répartissez les amandes finement hachées sur le rebord. Déposez le beurre et le sucre dans le puits et travaillez-les du bout des doigts jusqu'à obtenir une crème onctueuse. Ramenez la farine au centre. Frottez ce mélange entre les doigts jusqu'à obtenir une texture sableuse. Ajoutez l'œuf et le kirsch. Pétrissez puis roulez la pâte en boule. Emballez cette pâte dans un film alimentaire. Laissez-la reposer pendant 30 minutes au frais. Préchauffez le four à 180 °C (th. 6). Sur votre table légèrement farinée, étalez la pâte sur 3 mm d'épaisseur. Découpez des triangles de 10 cm de côté. Disposez-les sur les plaques du four en les espaçant de 3 cm. Mettez à cuire 8 minutes jusqu'à ce que les triangles soient dorés. Dans un bol, mélangez la glace royale, l'eau et la pâte de pistache. Trempez une face des petits gâteaux dans la glace royale. Laissez sécher. Décorez les triangles d'un peu de ganache et d'un dôme de fruits confits.

Pour la décoration
200 g de glace royale (voir recette p. 159)
30 g d'eau (3 cl)
20 g de pâte de pistache
200 g de ganache (voir recette p. 158)
10 aiguillettes d'oranges confites
10 aiguillettes de citrons confites
10 aiguillettes de pamplemousses confites
15 bigarreaux confits
1 tige d'angélique confite

Buissons à la pistache

Pour 4 à 6 personnes
Préparation : 40 minutes
Cuisson : 10 minutes
Une plaque de four couverte de papier sulfurisé (20 x 30 cm)
Poche et douille cannelée

Pour le macaron tendre
140 g d'amandes finement râpées
100 g + 50 g de sucre en poudre
170 g de blanc d'œuf, soit le blanc de 5 œufs moyens

Pour la crème
250 g de crème fraîche liquide (25 cl)
25 g de sucre glace
25 g de pâte de pistache
25 g de pistaches finement râpées

Pour la décoration
10 belles cerises noires

Pour le macaron tendre :
Dans le bol de votre robot ménager, mélangez les blancs d'œufs et 100 g de sucre. Fouettez jusqu'à ce qu'ils soient bien fermes. Dans une assiette, mélangez les amandes râpées et 50 g de sucre. Versez cette préparation en pluie sur les blancs montés en mélangeant délicatement avec une cuiller en bois. Préchauffez le four à 200 °C (th. 6-7). Etendez cet appareil à macaron sur une feuille de papier sulfurisé. Mettez à cuire 10 minutes, environ. Lorsque le macaron tendre est froid, découpez des carrés de tailles dégressives pour former des pyramides de 4 ou 5 étages.

Pour la crème :
Dans le bol de votre robot ménager (refroidi 15 minutes au réfrigérateur), mélangez la crème fraîche, le sucre glace, la pâte de pistache et les pistaches râpées. Fouettez pour obtenir une chantilly à la pistache. Réservez au frais.

Montage des buissons :
Chaque petit gâteau sera composé de 4 à 5 étages de macaron tendre à la pistache. Entre chaque couche de macaron, dressez un peu de crème aromatisée, à l'aide d'une poche à douille cannelée. Garnissez la cime des buissons d'une cerise noire. Réservez ces petits gâteaux au frais.

THE GRYPHON SAT UP AND RUBBED ITS EYES
LE GRIFFON SE REDRESSA ET SE FROTTA LES YEUX

Tortue-artichaut

Pour 6 personnes
Préparation : 45 minutes
Cuisson : 30 minutes
24 heures de réfrigération

5 artichauts poivrade
1 petit céleri
3 carottes
1 navet
1 petit chou-fleur
1 botte de persil
300 g de bouillon de légumes (30 cl)
3 feuilles de gélatine
10 g de beurre
Sel, poivre du moulin

Faites cuire les artichauts pendant 20 minutes environ, réservez. Rincez les autres légumes. Nettoyez-les et découpez le céleri, les carottes et le navet en petits dés, séparez le chou en petites fleurs. Dans une casserole, faites bouillir de l'eau, salez. Ajoutez le beurre. Déposez les légumes. Laissez frémir pendant 5 minutes jusqu'à ce qu'ils soient tendres. Retirez-les à l'aide d'une écumoire. Rafraîchissez-les dans une terrine d'eau froide. Réservez les légumes dans un bol d'1 litre. Hachez le persil et ajoutez-le aux légumes. Mélangez délicatement. Salez et poivrez. Mettez à tremper la gélatine dans un bol rempli d'eau froide. Dans une casserole, faites tiédir le bouillon de légumes (35-40 °C). Ajoutez les feuilles de gélatine égouttées et mélangez. Versez ce bouillon sur les légumes pressés. Laissez figer au réfrigérateur pendant une nuit. Le lendemain, démoulez la terrine : Posez quelques instants le bol dans un bain d'eau chaude. Démoulez sur un plat de service. Garnissez des feuilles d'artichauts poivrade. Servez la tortue accompagnée d'une vinaigrette agrémentée d'herbes et des cœurs d'artichauts découpés en fines lamelles.

TERRINE DE MAQUEREAUX ET D'ASPERGES

POUR 6 PERSONNES
PRÉPARATION : 30 MINUTES
CUISSON : 5 MINUTES + 15 MINUTES
24 HEURES DE RÉFRIGÉRATION

600 g de filets de maquereaux
600 g d'asperges vertes
400 g de bouillon de légumes (40 cl)
4 feuilles de gélatine
10 g + 10 g de beurre
10 g d'huile d'olive (1 cl)
1 petite botte d'aneth
Sel, poivre du moulin

Faites chauffer l'huile et 10 g de beurre dans une poêle.
Salez et poivrez les filets de maquereaux.
Déposez-les dans la poêle, côté chair.
Faites cuire à feu doux pendant 4 minutes environ.
Retirez les filets de maquereaux et réservez.
Rincez les asperges à l'eau fraîche, épluchez-les.
Dans une casserole, faites bouillir de l'eau.
Déposez les asperges. Ajoutez 10 g de beurre. Salez et poivrez.
Laissez frémir jusqu'à ce qu'elles soient tendres.
Retirez-les à l'aide d'une écumoire.

Rafraîchissez-les dans une terrine d'eau froide.
Disposez les filets de maquereaux, les asperges et l'aneth
Dans un plat en verre (20 cm de diamètre, 4 cm de hauteur).
Mettez à tremper la gélatine dans un bol d'eau froide.
Dans une casserole, faites tiédir le bouillon de légumes.
Ajoutez les feuilles de gélatine égouttées et mélangez.
Versez ce bouillon sur les maquereaux et les asperges.
Laissez figer au réfrigérateur pendant une nuit.
Le lendemain, démoulez la terrine
Sur un plat de service.

THE LOBSTER QUADRILLE

LE QUADRILLE DES HOMARDS

Danserons-nous une autre figure du quadrille des homards ?

Langoustines des sables

Pour 6 personnes
Préparation : 20 minutes
Cuisson : 10 minutes

18 langoustines
1 petite courgette
Le jus et le zeste d'une orange non traitée
10 g + 30 g de beurre
1 cuiller à soupe d'huile d'arachide

Rincez la courgette à l'eau fraîche.
Faites des bandelettes de courgette à l'aide d'un couteau économe.
Déposez-les dans une petite casserole. Couvrez d'eau.
Laisser frémir 1 minute. Égouttez les bandelettes et réservez.
Faites chauffer l'huile et 10 g de beurre dans une poêle antiadhésive.
Déposez les langoustines et laissez cuire à feu moyen
Pendant 3 minutes en les retournant délicatement.
Retirez les langoustines et réservez.

Dans la même poêle, versez le jus et le zeste d'orange.
Laissez mijoter 5 minutes pour concentrer ce jus.
Ajoutez les 30 g de beurre, remuez délicatement.
Déposez les langoustines dans une coupelle,
Garnissez des bandelettes de courgette et de tailladins de zeste d'orange.
Nappez de sauce au beurre orange.

Feuilleté de poissons

Pour 6 personnes
Préparation : 30 minutes
Cuisson : 35 à 40 minutes
Une plaque de four couverte de papier sulfurisé

Pour le feuilleté
1 kg de pâte brisée semi-feuilletée

Pour la farce de poisson
250 g de filets de sole
6 petits filets de carrelet
6 petits filets de saumon
200 g de crème fraîche liquide (20 cl)
50 g + 50 g d'œuf, soit 2 œufs moyens
2 petites branches d'aneth
6 g de sel

Pour la sauce
400 g de crème fraîche épaisse
1 botte de ciboulette

La veille, confectionnez la pâte brisée semi-feuilletée (voir recette p. 158).
Le jour même, préparez la farce de poisson :
Hachez finement les filets de sole dans le bol du robot.
Ajoutez un œuf. Versez doucement la crème liquide en filet, sans cesser de mixer.
Ajoutez le sel et les brins d'aneth rincés à l'eau fraîche.
Réservez au frais. Découpez la pâte en deux parties égales.
Étendez chaque morceau de pâte en un rectangle de 2 mm d'épaisseur,
Sur une feuille de papier sulfurisé, légèrement farinée.
À l'aide d'un petit couteau, découpez
Dans le premier rectangle de pâte, la forme d'un poisson,
Dans le deuxième rectangle de pâte, la même forme de poisson, un peu plus grande.
Réservez les chutes de pâte au réfrigérateur.
Garnissez la première forme de la farce de poisson,
En respectant un bord de 2 cm sur le pourtour de la pâte.
Disposez les filets de carrelet et de saumon sur la farce.
Mouillez au pinceau et à l'eau froide les bords de la pâte.
Disposez bord à bord la seconde forme de poisson sur le fond.
Appuyez doucement les bords afin que les couches de pâte soient parfaitement jointes.
Préchauffez le four à 200 °C (th. 6-7).
Dorez la pâte d'un œuf battu.
Décorez le poisson en faisant des découpes dans les chutes de pâte.
Dorez-le une deuxième fois.
Mettez à cuire pendant 35 à 40 minutes environ.
Servez le poisson dans l'instant avec la sauce crème et ciboulette.
Pour la sauce crème et ciboulette :
Dans une petite casserole, faites réduire la crème fraîche épaisse.
Au moment de servir, ajoutez la ciboulette ciselée.

WHO STOLE THE TARTS ???

QUI A VOLÉ LES TARTES ???

TARTE SABLÉE AUX GROSEILLES

POUR 6 PERSONNES
PRÉPARATION : 60 MINUTES
CUISSON : 10 MINUTES + 10 MINUTES
Une plaque de four en forme de gouttière couverte de papier sulfurisé
1 moule à tarte de 20 cm de diamètre et 2 cm de hauteur

300 g + 250 g de pâte sablée au pralin et aux noisettes
500 g de groseilles égrappées
300 g de gelée de groseilles
150 g de chocolat noir amer

POUR LA DÉCORATION
6 belles grappes de groseilles

Pour les losanges en pâte sablée :
La veille, confectionnez la pâte sablée (voir recette p. 159).
Préchauffez le four à 180 °C (th. 6).
Sur une table légèrement farinée, étalez 300 g de pâte sur 3 mm d'épaisseur. Découpez 20 losanges à l'aide d'un emporte-pièce cannelé (10 cm de long). Videz l'intérieur de ces losanges avec un emporte-pièce de même forme, plus petit. Disposez les losanges évidés et les petits losanges pleins sur la plaque du four en gouttière en les espaçant de 3 cm.
Mettez à cuire 8 minutes environ jusqu'à ce qu'ils soient dorés. Sur la table légèrement farinée, étalez 250 g de pâte sur 3 mm d'épaisseur. Garnissez le moule à tarte et piquez la pâte à l'aide d'une fourchette. Mettez à cuire pendant 10 minutes environ jusqu'à ce que le fond de tarte soit bien doré. Dans un bol, mélangez les groseilles égrappées avec la gelée. Tempérez le chocolat (voir méthode p. 159). Trempez la pointe de chaque losange dans le chocolat tempéré et collez les losanges évidés et pleins tout autour du fond de la tarte.
Garnissez la tarte des groseilles en gelée. Décorez de quelques grappes de groseilles.
Savourez cette couronne avec un thé parfumé au poivre.

LINZER TARTE

RECETTE P. 161

TARTE PIE RHUBARBE ET VIOLETTE

POUR 6 PERSONNES
PRÉPARATION : 40 MINUTES
CUISSON : 35 MINUTES ENVIRON
Un moule à tarte de 20 cm de diamètre et 3 cm de hauteur
Une petite feuille de papier sulfurisé

500 g de pâte brisée semi-feuilletée (voir recette p. 158)
320 g de crème d'amandes (voir recette p. 158)
300 g de rhubarbe découpée en petits dés
80 g de violettes cristallisées
1 œuf

POUR LA DÉCORATION :
Quelques violettes cristallisées

La veille, confectionnez la pâte brisée semi-feuilletée (voir recette p. 158).
Le jour même, préparez la crème d'amandes (voir recette p. 158). Dans un bol, mélangez délicatement la crème d'amandes avec les dés de rhubarbe et les violettes cristallisées. Sur une table légèrement farinée, étalez 200 g de pâte sur 2 mm d'épaisseur en un disque de 20 cm de diamètre. Réservez au frais.
Étalez le reste de pâte sur 2 mm d'épaisseur en un disque de 28 cm de diamètre.
Beurrez légèrement le moule à tarte.
Disposez soigneusement la pâte.
Pressez-la du bout des doigts dans le fond et sur les côtés. Piquez avec une fourchette. Garnissez de la crème d'amandes à la rhubarbe et aux violettes.
Rabattez les bords de la pâte vers l'intérieur.
Mouillez ces bords d'un peu d'eau froide à l'aide d'un pinceau. Couvrez du disque de pâte de 20 cm de diamètre. Découpez une petite croix au milieu de la tarte. Disposez une cheminée en papier sulfurisé.
Dorez la pâte d'un peu d'œuf battu.
Décorez la tarte avec la pointe d'un petit couteau.
Réservez au frais pendant 20 minutes. Préchauffez le four à 200 °C (th. 6/7). Mettez à cuire pendant 35 minutes environ, en veillant à baisser la température à 180 °C (th. 6) au moment d'enfourner.
Démoulez la tarte sur une grille.
Garnissez de violettes cristallisées.

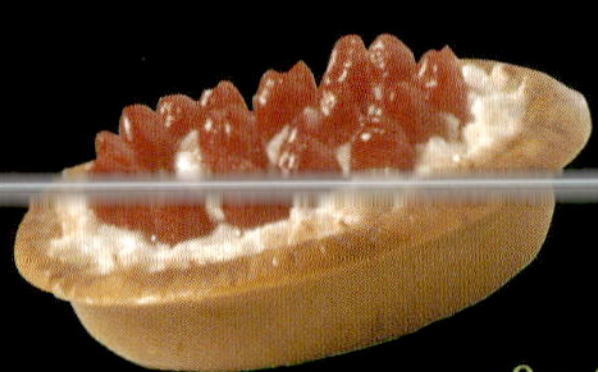

Tarte couverte
aux abricots et oranges

Recette p. 161

Menthe, fraises et chocolat

Pour 6 personnes
Préparation : 30 minutes

30 + 5 belles feuilles de menthe
300 g de fraises équeutées
20 g de sucre en poudre
200 g de chocolat noir amer

Rincez 30 feuilles de menthe à l'eau fraîche. Séchez-les délicatement dans un linge. Tempérez le chocolat (voir méthode p. 159). Couvrez chaque feuille d'une couche de chocolat, à l'aide d'un pinceau. Déposez les feuilles ainsi garnies sur une assiette. Laissez-les figer au réfrigérateur. Préparez la mirepoix de fraises à la menthe : Rincez les fraises à l'eau fraîche. Découpez-les en petits dés. Ciselez finement 5 feuilles de menthe. Dans un bol, mélangez les fraises, le sucre et la menthe ciselée. Lorsque le chocolat est figé, décollez de moitié les feuilles de menthe du chocolat. Disposez alors la mirepoix de fraises entre la feuille et le chocolat. Savourez dans l'instant.

LE JEU TOUT ENTIER S'ENVOLA DANS LES AIRS...

Feuilles cristallisées

Pour 6 personnes
Préparation : 40 minutes
Cuisson : 8 minutes
Une plaque de four en forme de gouttière couverte de papier sulfurisé

300 g de pâte sablée au pralin et aux noisettes à la cardamome
250 g de chocolat noir amer
30 belles feuilles de menthe
Le blanc d'1 œuf
50 g de sucre cristallisé
3 pommes granny-smith
30 g de sucre en poudre
100 g de gelée de citrons

Juste quelques feuilles tombées des arbres...

Pour les feuilles en pâte sablée :
La veille, confectionnez la pâte sablée (voir recette p. 159).
Préchauffez le four à 180 °C (th. 6).
Sur une table légèrement farinée, étalez la pâte sur 3 mm d'épaisseur.
Découpez des feuilles à l'aide d'un emporte-pièce ovale cannelé (10 cm de long). Videz l'intérieur de ces feuilles avec un emporte-pièce ovale plus petit. Disposez ces feuilles évidées sur les plaques du four en les espaçant de 3 cm.
Mettez à cuire 8 minutes environ jusqu'à ce que les feuilles soient dorées.

Pour les feuilles de menthe :
Rincez 30 feuilles de menthe à l'eau fraîche. Séchez-les délicatement dans un linge. Badigeonnez chaque feuille d'un peu de blanc d'œuf avec un pinceau. Parsemez de sucre cristallisé puis réservez.

Pour la mirepoix de pommes :
Epluchez les pommes. Coupez-les en deux, évidez-les. Découpez-les en petits dés. Dans un bol, mélangez les dés de pommes, le sucre, la gelée de citron. Réservez

Montage du petit gâteau :
Tempérez le chocolat (voir méthode p. 159). Trempez les feuilles dans le chocolat pour les enrober de moitié. Posez-les sur un papier sulfurisé, laissez figer. Disposez une feuille de menthe cristallisée dans chaque feuille sablée. Garnissez de mirepoix de pommes. Savourez dans l'instant.

THROUGH THE LOOKING-GLASS

AND WHAT ALICE FOUND THERE

DE L'AUTRE CÔTÉ DU MIROIR

LES NOUVELLES AVENTURES D'ALICE

En dehors des *Aventures d'Alice au pays des Merveilles*, Lewis Carroll n'avait jamais publié que des pamphlets pleins d'ironie... ou bien des manuels de mathématiques ! Ni l'ironie, ni les mathématiques n'ont déserté son univers quand, neuf ans après *Alice*, il met en forme les éléments d'une suite pour Noël 1871.

Le Pays du miroir est celui du souvenir, de l'intérieur... La cheminée et son miroir, symboles de l'univers victorien chargé d'éléments décoratifs, d'objets, de tentures et papiers peints, fonctionnent comme une machine à traverser les rêves. Ces rêves sont cette fois influencés par la vie quotidienne de la petite fille dans la grande demeure, et l'on y reconnaît les fleurs du papier peint, le pudding ou le pain du petit-déjeuner transformés en insectes, et surtout toute la famille insolite du jeu d'échecs, le jeu même du retournement inattendu ! Lewis Carroll sait utiliser à merveille le symbolisme de la partie inachevée du jeu d'échecs, nous offrant toutes les possibilités d'interprétations et de glissement gustatif et visuel, pour que s'opère un nouveau rêve de recettes...

Ph. M.

117
98
119
96
99
120
94
112
106
124
111
109
127

134
137
150
129
148
154
146
144
159
145

“Faisons semblant de passer de l’autre côté !”

Échiquier de légumes

Pour 6 personnes
Préparation : 45 minutes
Cuisson : 40 minutes

4 carottes
6 navets
3 courgettes
6 betteraves rouges
10 g de beurre
Sel, poivre du moulin

Rincez les légumes à l’eau fraîche, nettoyez-les. Découpez les navets et les betteraves rouges en rondelles de 5 mm d’épaisseur. Coupez dans les carottes et les courgettes des bandes de 5 mm d’épaisseur. Dans une casserole, faites bouillir de l’eau, ajoutez le beurre. Salez et poivrez. Plongez-y tout d’abord les navets pendant quelques minutes, ils resteront un peu croquants. Retirez-les à l’aide d’une écumoire et rafraîchissez-les dans un bol contenant de l’eau froide. Procédez ainsi pour les courgettes, puis les carottes et les betteraves rouges.

Découpez des carrés de légumes à l’aide d’un emporte-pièce. Disposez-les sur un plat. Garnissez cet échiquier de quelques figurines coupées dans les navets et les betteraves. Servez ce plat accompagné d’une vinaigrette aux herbes.

“ Aimerais-tu
vivre dans
la maison
du miroir ?”

Pommes de terre à la cendre

Pour 6 personnes
Préparation : 10 minutes
Cuisson : 60 minutes

12 grosses pommes de terres rattes
400 g de morbier
Sel, poivre du moulin

Rincez les pommes de terre
À l'eau fraîche, brossez-les.
Déposez-les dans la cendre chaude.
Cuisez-les ainsi dans la cheminée
Pendant 45 minutes environ.
Retirez les pommes de terre de la cendre,
Frottez-les délicatement,
Rangez-les dans un plat, entaillez-les
Et garnissez-les de tranches de morbier.
Posez ce plat dans la cheminée,
Laissez doucement fondre le fromage.
Servez dans l'instant.

LE JARDIN DES FLEURS VIVANTES

THE GARDEN OF LIVE FLOWERS

ÉCHIQUIER CASSIS ET VIOLETTE

POUR 8 PERSONNES
PRÉPARATION : 45 MINUTES
24 HEURES DE RÉFRIGÉRATION
2 plats à gratin carrés de 20 cm de côté et 3 cm de hauteur

POUR LA GELÉE DE CASSIS
400 g de pulpe de cassis (40 cl)
400 g d'eau minérale (40 cl)
200 g de sucre en poudre
40 g de feuilles de gélatine

POUR LA GELÉE À LA VIOLETTE
800 g d'eau minérale (80 cl)
200 g de sucre en poudre
30 g de feuilles de gélatine
6 gouttes d'essence de violette

La veille, faites ramollir les feuilles de gélatine dans un grand bol d'eau froide. Mélangez la pulpe de cassis, l'eau minérale et le sucre dans un autre bol. Égouttez les feuilles de gélatine et faites-les fondre dans un bain-marie.
Ajoutez dans la gélatine fondue un quart de la préparation de cassis sucrée.
Faites tiédir à nouveau, puis versez ce jus tiède dans le reste de jus de cassis sucré.
Mélangez à l'aide d'un fouet et versez dans un moule à gratin.
Procédez de la même façon pour la gelée à la violette.
Ajoutez l'essence de violette au dernier instant, et versez dans le second plat à gratin. Laissez figer ces deux gelées une nuit au réfrigérateur. Le jour même, découpez dans les gelées des carrés de 4 cm de côté à l'aide d'un petit couteau.
Disposez-les, tel un échiquier, sur un plat.

Granité à la rose

Recette p. 162

Fleurs de framboises à la violette

Pour 6 pots de 200 gr
Préparation : 5 + 5 minutes
Cuisson : 20 minutes

Pour la confiture
1,2 kg de framboises des jardins, soit 1 kg net
800 g de sucre cristallisé
Le jus d'1 petit citron
3 gouttes d'essence de violettes

Pour les tartines
1 brioche au beurre de 300 g
200 g de crème fraîche épaisse

Pour la confiture : Passez les framboises au moulin à légumes (grille fine). Dans une bassine à confiture, mélangez la pulpe de framboises, le sucre, le jus de citron. Portez à ébullition en remuant délicatement. Maintenez la cuisson à feu vif pendant 10 minutes environ en remuant toujours. Écumez soigneusement pendant cette ébullition. Ajoutez l'essence de violette. Mettez la confiture en pots et couvrez.

Pour les tartines : Coupez la brioche en tranches de 10 mm d'épaisseur. Découpez dans chaque tranche des tartines en forme de gouttes. Grillez légèrement la brioche. Nappez les tartines d'un peu de crème épaisse, puis de confiture.

Fleurs de courgettes en dentelle

Pour 6 personnes
Préparation : 30 minutes
Cuisson : 20 minutes
Poche et douille simple

Pour la pâte à beignets
300 g de farine de blé
200 g de lait (20 cl)
100 g de crème fraîche (10 cl)
50 g de sucre en poudre
50 g de bière (5 cl)
100 g d'œufs, soit 2 œufs moyens
12 fleurs de courgettes
Fleur de sel

Pour la cuisson
1,5 litre d'huile d'arachide

Pour la décoration
50 g de sucre aromatisé à la cannelle

suite de la recette p. 162

“Est-ce que toutes les fleurs peuvent parler ?” chuchota Alice.

“Aussi bien que vous”, lui répondit le Lis tigré. “Et surtout bien plus fort.”

Fruit-fleur en gelée

Pour 6 personnes
Préparation : 30 minutes
24 heures de réfrigération
Un plat en verre de 20 cm de diamètre et de 3 cm de hauteur
4 bols en verre de 12 cm de diamètre

800 g d'eau minérale (80 cl)
200 g de jus de citron (20 cl)
300 g de sucre en poudre
25 g de feuilles de gélatine
3 tiges de verveine citronnelle
100 g de fraises équeutées
100 g de framboises des jardins
100 g de myrtilles des bois

La veille, rincez la citronnelle à l'eau fraîche. Portez l'eau, le jus de citron et le sucre à ébullition dans une casserole en inox. Ajoutez les feuilles de citronnelle, couvrez, infusez 10 minutes. Laissez tiédir le sirop aromatisé. Faites ramollir les feuilles de gélatine dans un grand bol d'eau froide. Égouttez les feuilles de gélatine, ajoutez-les dans le sirop tiède (40 °C). Mélangez à l'aide d'un fouet. Rincez les fruits à l'eau fraîche, coupez les fraises en 4, réservez. Versez un peu de sirop gélifié à la citronnelle dans le plat et les bols. Laissez figer au réfrigérateur. Garnissez des fraises, framboises et myrtilles et couvrez à nouveau du sirop gélifié. Laissez durcir au réfrigérateur pendant une nuit. Le jour même, posez quelques instants le plat et les bols dans un bain d'eau chaude. Démoulez et servez ces coussins fleuris très frais.

Caramels tendres au poivre et au sésame grillé
recette p. 162

Les insectes du miroir

Ailes au caramel et fleur de sel

recette p. 162

PÂTÉ À LA VOLAILLE
ET AUX HERBES

RECETTE P. 163

DUM
DEE

TWEEDLEDUM TWEEDLEDEE

Brioches à l'huile d'olive

Pour 8 brioches de 50 g environ
Préparation : 30 minutes
Cuisson : 15 minutes
Une plaque de four couverte de papier sulfurisé
Film alimentaire

100 g + 100 g de farine de blé tamisée
40 g d'eau (4 cl)
30 g d'huile d'olive (3 cl)
10 g de levure de boulanger
6 g de sucre en poudre
60 g d'œuf, soit 1 gros œuf
50 g de beurre
25 g de sésame grillé
25 g de raisins de Corinthe
6 g de sel
Poivre du moulin

Pour la décoration
1 petit œuf
Quelques baies de poivre
Quelques graines de sésame

Dans le bol de votre robot ménager, versez 100 g de farine. Ajoutez la levure, l'eau et l'huile d'olive. Mélangez à l'aide d'un fouet. Couvrez ce petit levain d'un film alimentaire. Laissez reposer 15 minutes à température ambiante (22 °C environ). Ajoutez le reste de farine, le sucre, le sel, le poivre et l'œuf. Mélangez à l'aide du crochet en pétrissant vivement la pâte pendant 5 minutes environ. La pâte est prête lorsqu'elle est lisse et se décolle du fond du bol. Incorporez alors le beurre, puis battez jusqu'à ce que la pâte se décolle à nouveau.
Roulez cette pâte souple et luisante en deux boules de poids égal. Ajoutez le sésame grillé dans la première boule de pâte et les raisins dans la seconde. Posez chaque pâte dans un large bol, et couvrez d'un linge. Laissez reposer pendant 1 heure à température ambiante.
Lorsque la pâte a presque doublé de volume, roulez-la quelques secondes entre vos mains. Laissez-la encore reposer 30 minutes. Découpez chaque boule de pâte en 4 morceaux de 50 g environ. Formez des brioches bien rondes. Déposez-les sur une plaque couverte de papier sulfurisé. Couvrez d'un linge et laissez reposer encore 45 minutes environ. Préchauffez le four à 210 °C (th. 7). Badigeonnez les boules d'un peu d'œuf battu. Décorez-les de baies de poivre et de graines de sésame.
Mettez à cuire pendant 15 minutes environ. Baissez la température du four à 190 °C (th. 6-7). Les brioches vont gonfler et joliment dorer. Laissez refroidir sur une grille.

Pain d'épices et chocolat

recette p. 163

THE WALRUS AND THE CARPENTER
LE MORSE ET LE CHARPENTIER MARCHAIENT L'UN À CÔTÉ DE L'AUTRE

Huîtres
à la crème
voir recette p. 117

Aigre-doux de tomates et poireaux au poivre

Pour environ 5 pots de 200 g
Préparation : 30 minutes
Cuisson : 10 minutes

20 tomates de taille moyenne
2 poireaux
150 g de vinaigre blanc d'alcool (15 cl)
150 g d'eau (15 cl)
150 g de sucre cristallisé
5 baies de poivre noir concassées

Préparez le jus aigre-doux :
Dans une petite casserole en inox, mélangez le vinaigre, l'eau, le sucre et le poivre.
Portez à ébullition et réservez.
Plongez les tomates quelques minutes dans une casserole d'eau bouillante.
Retirez leur peau. Coupez-les en quatre. Videz-les de leur cœur et de leur jus.
Rincez les poireaux à l'eau fraîche et coupez-les en rondelles.
Blanchissez les poireaux pendant 3 minutes dans une casserole d'eau bouillante.
Rangez les quartiers de tomates dans les pots, en y mêlant les rondelles de poireaux.
Portez le jus aigre-doux au frémissement et versez-le dans les pots jusqu'à ras bord.
Fermez les pots et retournez-les jusqu'au lendemain.
Conservez cet aigre-doux de tomates et de poireaux au réfrigérateur.

Huîtres à la crème

Pour 6 personnes
Préparation : 15 minutes

36 huîtres moyennes spéciales
250 g de crème fraîche liquide (25 cl)
10 g de vinaigre au miel (1 cl)
2 tomates
1 blanc de poireau
Fleur de sel

Plongez les tomates quelques minutes dans une casserole d'eau bouillante. Retirez leur peau. Coupez-les en quatre. Videz-les de leur cœur et de leur jus. Découpez la chair en petits dés. Rincez le poireau à l'eau fraîche et coupez-le en très fines rondelles. Ouvrez les huîtres. Mélangez la crème fraîche et le vinaigre dans un bol. Garnissez chaque huître d'une cuillerée de crème aromatisée, de dés de tomates, de rondelles de poireaux et de fleur de sel.

"Ô huitres, vous avez fait une agréable promenade..."

Compote de mûres et de framboises à la badiane

Pour 6 personnes
Préparation : 5 minutes
Cuisson : 10 minutes

450 g de mûres sauvages
450 g de framboises des jardins
200 g de sucre en poudre
8 étoiles de badiane
Le jus d'1 petit citron

Pour la décoration
100 g de framboises des jardins

Tiens ! voici un châle que le vent emporte...

Rincez les mûres et les framboises à l'eau fraîche. Dans une casserole à fond épais, mélangez-les mûres, les framboises, le sucre, le jus de citron et les étoiles de badiane. Portez à ébullition en remuant délicatement. Versez dans une terrine et laissez refroidir. Couvrez et réservez au réfrigérateur. Au moment de servir cette compote, retirez les étoiles de badiane. Décorez des framboises fraîches. Accompagnez ce dessert d'une quenelle de crème épaisse et de petits sablés.

ÉTAIT-CE VRAIMENT UNE **BREBIS**, ASSISE LÀ,

DERRIÈRE LE COMPTOIR ?

PARIS
Gommes véritables Calabrais 2€30/100g
Gommes véritables aux Fruits 2,30€/100g
Gommes véritables Guimauve 1,85€/100g

Pelotes à la crème de marrons

recette page 164

EARL GREY
EARL GREY IMPERIAL
APOLLON
ARCHIPEL
MARCO POLO
NOËL
ORIENTAL
KUKICHA
MELON
GINSENG
MARIAGE
THÉ
THÉ
THÉ

TARTE AU FROMAGE FRAIS DE BREBIS
RECETTE P. 164

…TOUS LES RAYONS VOISINS REGORGEAIENT DE TOUTES SORTES DE CURIEUX OBJETS…

Légumes aigre-doux en bocaux, recette p. 164

Œufs à la neige et caramel tendre à la cannelle

Pour 6 personnes
Préparation : 10 + 10 minutes
Cuisson : 10 + 20 minutes

Pour le caramel tendre
150 g de lait entier (15 cl)
150 g de crème fraîche liquide (15 cl)
300 g de sucre en poudre
50 g de beurre
50 g d'eau (5 cl)
2 g de cannelle moulue

Pour les œufs à la neige
1 kg de lait entier (1 l)
180 g de blancs d'œufs,
soit les blancs de 6 œufs moyens
100 g de sucre en poudre
1 pincée de sel
1 pointe de couteau de poivre noir moulu

Humpty Dumpty

Pour le caramel tendre : Chauffez le lait, la crème et la cannelle dans une casserole. Déposez le sucre, le beurre et l'eau dans une autre casserole. Portez cette préparation à ébullition en remuant à l'aide d'une cuiller en bois. Ce caramel prendra tout d'abord une consistance mousseuse et une couleur crème. Laissez cuire en tournant continuellement jusqu'à ce qu'il devienne brun.

Retirez du feu, remuez encore quelques instants. Ajoutez le lait et la crème aromatisés. Mélangez et portez à nouveau à ébullition. Versez dans une terrine et réservez.

Pour les œufs à la neige : Versez le lait dans une large casserole et portez au frémissement. Dans un bol, mélangez les blancs d'œufs, le sucre, le poivre et le sel. Fouettez jusqu'à ce qu'ils soient bien fermes. À l'aide d'une cuiller à soupe, formez des quenelles avec les blancs en neige. Posez-les délicatement à la surface du lait frémissant. Pochez 1 minute de chaque côté. Retirez-les doucement à l'aide d'une écumoire et réservez dans un plat. Versez la crème au caramel tendre et à la cannelle dans des bols. Décorez des œufs à la neige épicés.

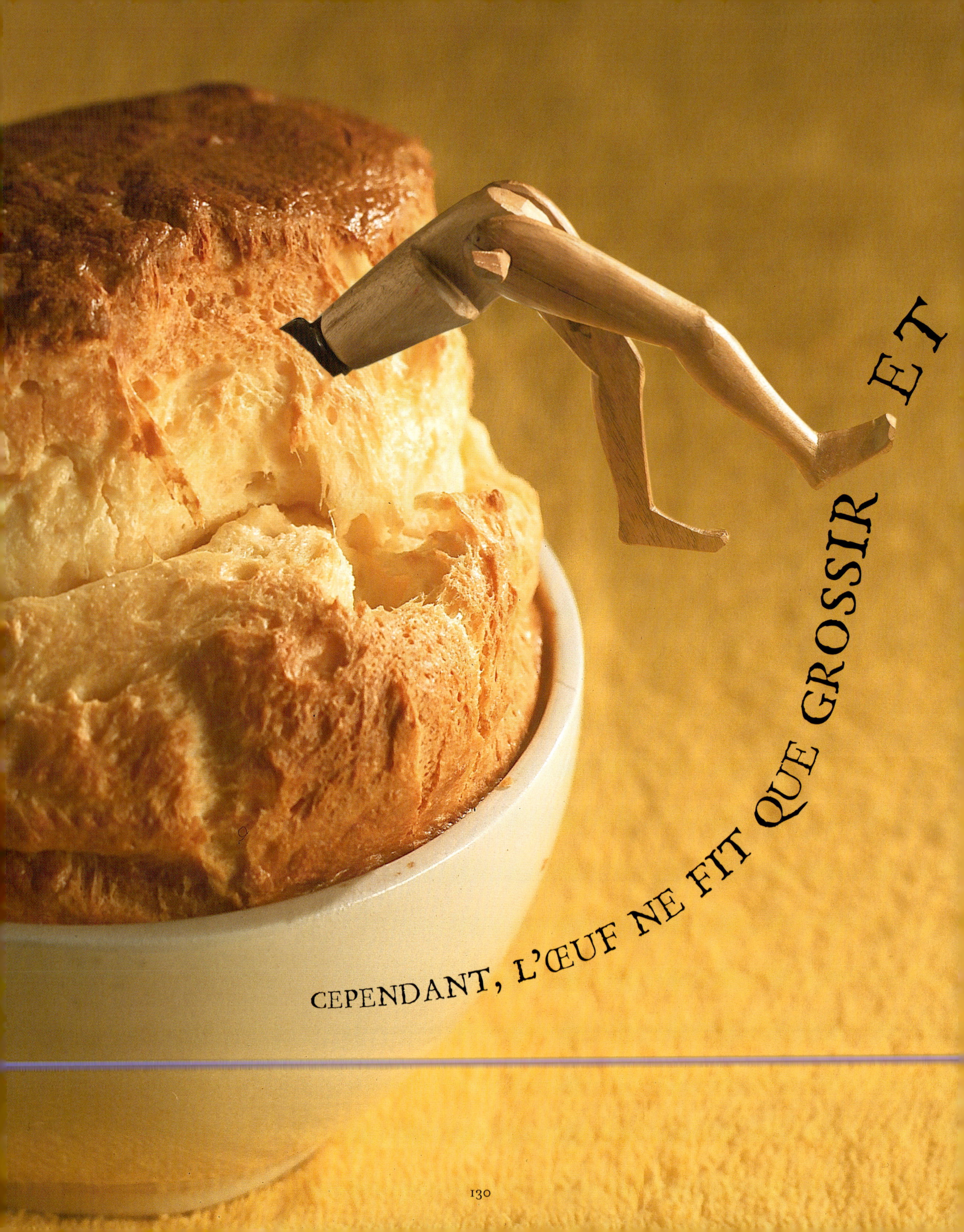

CEPENDANT, L'ŒUF NE FIT QUE GROSSIR ET

GROSSIR...

Soufflé au cheddar et au curry

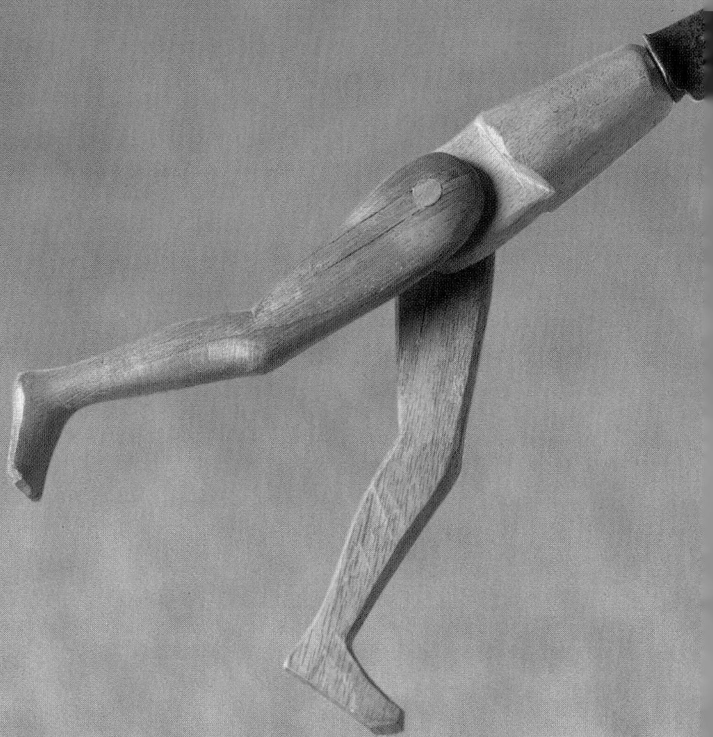

Pour 8 personnes
Préparation : 30 minutes
Cuisson : 10 + 35 minutes
2 moules à soufflés de 20 cm de diamètre,
légèrement beurrés et farinés

3 poires williams mûres
200 g de cheddar râpé
120 g de jaunes d'œufs, soit les jaunes de 6 œufs moyens
180 g de blancs d'œufs, soit les blancs de 6 œufs moyens
60 g de beurre
60 g de farine de blé
600 g de lait entier (60 cl)
4 g de curry
Sel, poivre du moulin

Préchauffez le four à 210 °C (th. 7).
Faites chauffer le lait dans une petite casserole.
Mettez le beurre à fondre dans une autre casserole.
Ajoutez la farine dans le beurre et portez à ébullition sans cesser de remuer,
À l'aide d'un fouet. Vous obtenez ainsi un roux.
Versez le lait chaud sur le roux et portez au frémissement en fouettant continuellement.
Veillez à ne pas former de grumeaux.
Ajoutez le curry. Salez et poivrez.
Versez cette béchamel dans une terrine et laissez tiédir.
Pelez les poires, coupez-les en deux, videz-les et détaillez-les en très petits dés.
Dans le bol de votre robot ménager, mélangez les blancs d'œufs et une pincée de sel.
Fouettez jusqu'à ce qu'ils soient bien fermes.
Ajoutez les poires, le cheddar et les jaunes d'œufs dans la béchamel, mélangez.
Incorporez délicatement les blancs en neige à l'aide d'une cuiller en bois.
Versez cette préparation dans les moules à soufflés.
Baissez la température du four à 190 °C (th. 6/7).
Mettez à cuire pendant 35 minutes environ.
Le soufflé va gonfler et joliment dorer.
Servez-le dans l'instant.

Omelettes au whisky et à l'orange

Pour 6 omelettes
Préparation : 10 minutes
Cuisson : 20 minutes
Une poêle antiadhésive

50 g de farine de blé
80 g de crème fraîche liquide (8 cl)
300 g d'œufs, soit 6 œufs moyens
Le zeste finement râpé d'un citron non traité
20 g + 50 g de whisky (2 cl + 5 cl)
30 g de beurre
3 oranges
30 g de sucre glace

Coupez les oranges à vif pour en retirer les quartiers. Réservez.
Fouettez les œufs dans un grand bol. Réservez.
Tamisez la farine dans une terrine.
Ajoutez la crème, le zeste de citron, 2 cl de whisky, mélangez à l'aide d'un fouet.
Versez les œufs battus dans cette préparation.
Faites fondre 5 g de beurre dans une poêle et versez 1/6e de cet appareil.
Remuez jusqu'à ce que l'omelette commence à prendre.
Retirez la poêle du feu, garnissez l'intérieur de l'omelette de quartiers d'orange.
Pliez l'omelette. Poursuivez la cuisson quelques instants encore.
Retournez l'omelette sur une assiette.
Procédez ainsi pour les 6 desserts.
Dans une petite casserole, chauffez à feu doux 5 cl de whisky.
Saupoudrez généreusement les omelettes de sucre glace.
Arrosez du whisky tiède et faites flamber.

LE LION ET LA LICORNE

La licorne considéra Alice d’un air rêveur, puis lui dit : “parlez, mon enfant.”

Plum pudding

“Monstre, aimez-vous le plum pudding ?”

Pour 8 personnes
Préparation : 60 minutes
Cuisson : 5 heures
Un moule à gâteau de 8 cm de hauteur et 20 cm de diamètre

250 g de graisse de rognons de bœuf
125 g de farine de blé
125 g de mie de pain
100 g de raisins de Malaga épépinés
100 g de raisins de Smyrne
100 g de raisins de Corinthe
75 g de cassonade blonde
75 g de cédrat
50 g d'oranges confites
100 g de lait (10 cl)
100 g d'œufs, soit 2 œufs moyens
50 g de rhum (5 cl)
Le zeste finement râpé d'un citron non traité
8 g d'épices mélangées finement moulues (cannelle, clou de girofle, muscade, gingembre)
5 g de sel

Pour la décoration
200 g de gelée de pomme
150 g de ganache (voir recette p. 158)

Hachez finement la graisse de rognons de bœuf.
Dans le bol de votre robot ménager,
Déposez la graisse, les raisins et mélangez.
Ajoutez le cédrat, les écorces d'oranges confites,
La farine, la cassonade, la mie de pain, les épices,
Le sel et le zeste de citron.

En dernier lieu, versez les œufs, le lait et le rhum.
Beurrez le moule à gâteau. Remplissez-le du plum pudding.
Emballez le moule d'un linge et plongez-le
Dans une marmite contenant de l'eau bouillante.
Faites cuire à petits bouillons pendant 5 heures.

Veillez à ce que l'eau recouvre toujours le plum pudding.
Lorsqu'il est cuit, sortez le moule de l'eau.
Retirez le linge et démoulez le plum pudding
Sur un plat de service.
Faites fondre la gelée de pommes, glacez le pudding.

Garnissez-le de petites rosaces de ganache
À l'aide d'une poche et d'une douille cannelée.
Dégustez le plum pudding accompagné
D'une crème anglaise parfumée,
D'un sabayon au rhum ou de beurre saturé de cognac.

Pancakes aux pralines roses

Pour 6 personnes
Préparation : 10 + 10 minutes
Cuisson : 10 +30 minutes
Une poêle à pancakes (15 cm de diamètre)
Un moule en forme de dôme
Un morceau de papier aluminium
Quelques piques en bois

Pour la décoration
30 g de sucre glace

Pour la ganache à la menthe
150 g de crème fraîche liquide (15 cl)
150 g de chocolat blanc
20 feuilles de menthe

Pour les pancakes
120 g de farine de blé
30 g de pralines roses écrasées
500 g de lait entier (50 cl)
200 g d'œufs, soit 4 œufs moyens
30 g de beurre fondu
20 g d'huile d'arachide (2 cl)
Quelques gouttes d'essence de fleur d'oranger
1 pincée de sel

Pour la ganache à la menthe :
Râpez finement le chocolat dans une terrine. Dans une casserole, portez la crème à ébullition. Ajoutez la menthe, couvrez et laissez infuser pendant 10 minutes. Filtrez et versez la crème aromatisée sur le chocolat râpé. Mélangez délicatement à l'aide d'un fouet. Réservez.

Pour les pancakes :
Fouettez les œufs dans un grand bol. Réservez. Tamisez la farine dans une terrine. Ajoutez le lait, les pralines roses, le beurre, le sel et l'essence de fleur d'oranger. Mélangez à l'aide d'un fouet. Versez les œufs battus dans cette préparation, remuez doucement. Faites chauffer quelques gouttes d'huile dans la poêle et versez une petite louche de cette pâte. Faites dorer le pancake à feu vif, retournez-le et laissez-le cuire encore 2 à 3 minutes. Déposez le pancake sur une assiette. Couvrez et réservez au chaud en attendant de cuire les autres pancakes.

Tapissez l'extérieur du moule de papier aluminium.
Dressez les pancakes sur ce dôme en les disposant en quinconce et en les fixant à l'aide des piques en bois.
Saupoudrez de sucre glace et dégustez les pancakes aux pralines roses accompagnés de la ganache à la menthe.

…le gâteau se divisa de lui-même en trois morceaux…

LES TAMBOURS S'ÉTAIENT MIS À BATTRE

DANS UN EFFROYABLE VACARME...

… chaque fois que l'un des soldats s'étalait, plusieurs autres lui tombaient dessus, si bien que le sol fut bientôt jonché de petits tas d'hommes en armes.

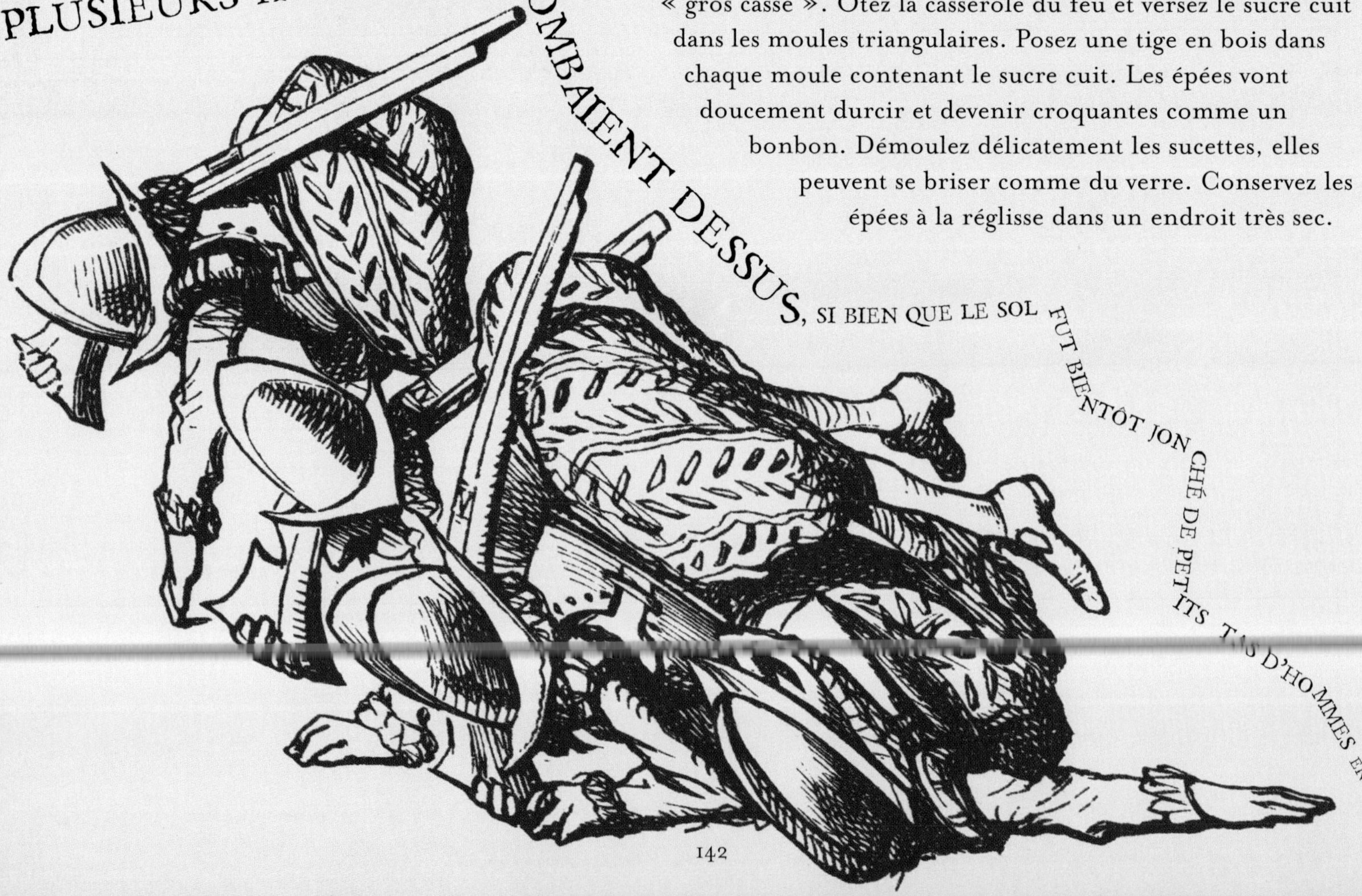

Epées à la réglisse

Pour 6 sucettes
Préparation : 10 minutes
Cuisson : 20 minutes

Moules à gâteaux en métal de forme triangulaire,
de 12 cm de long et 5 cm de large, légèrement huilés.
6 tiges en bois

400 g de sucre cristallisé
120 g d'eau (12 cl)
10 g de réglisse moulue
5 gouttes de jus de citron

Dans une casserole en inox à fond épais, mélangez l'eau, le sucre, la réglisse et le jus de citron. Portez à ébullition, écumez le sirop de sucre. Nettoyez régulièrement les parois intérieures de la casserole à l'aide d'un pinceau et d'un peu d'eau. Posez un thermomètre à sucre dans le sirop. Lorsqu'il atteint 150 °C, le caramel est clair, on dit qu'il est au « gros cassé ». Ôtez la casserole du feu et versez le sucre cuit dans les moules triangulaires. Posez une tige en bois dans chaque moule contenant le sucre cuit. Les épées vont doucement durcir et devenir croquantes comme un bonbon. Démoulez délicatement les sucettes, elles peuvent se briser comme du verre. Conservez les épées à la réglisse dans un endroit très sec.

Frangipanes aux FRUITS SECS

Pour 6 personnes
Préparation : 40 minutes
Cuisson : 15 minutes environ
12 moules à tartelette de 10 cm de diamètre et 2 cm de hauteur

300 g de pâte sablée au pralin et aux noisettes (voir recette p. 159)
400 g de crème d'amandes (voir recette p. 158)
100 g de crème fraîche épaisse
Le zeste finement râpé d'un citron non traité
Le zeste finement râpé d'une orange non traitée
24 amandes mondées
24 noisettes grillées
20 g de pignons de pin
20 g de pistaches mondées
10 g de sésame
10 g de pavot
Fleur de sel

LE CAVALIER BLANC

« CE FUT UNE GLORIEUSE VICTOIRE, N'EST-CE PAS ? »

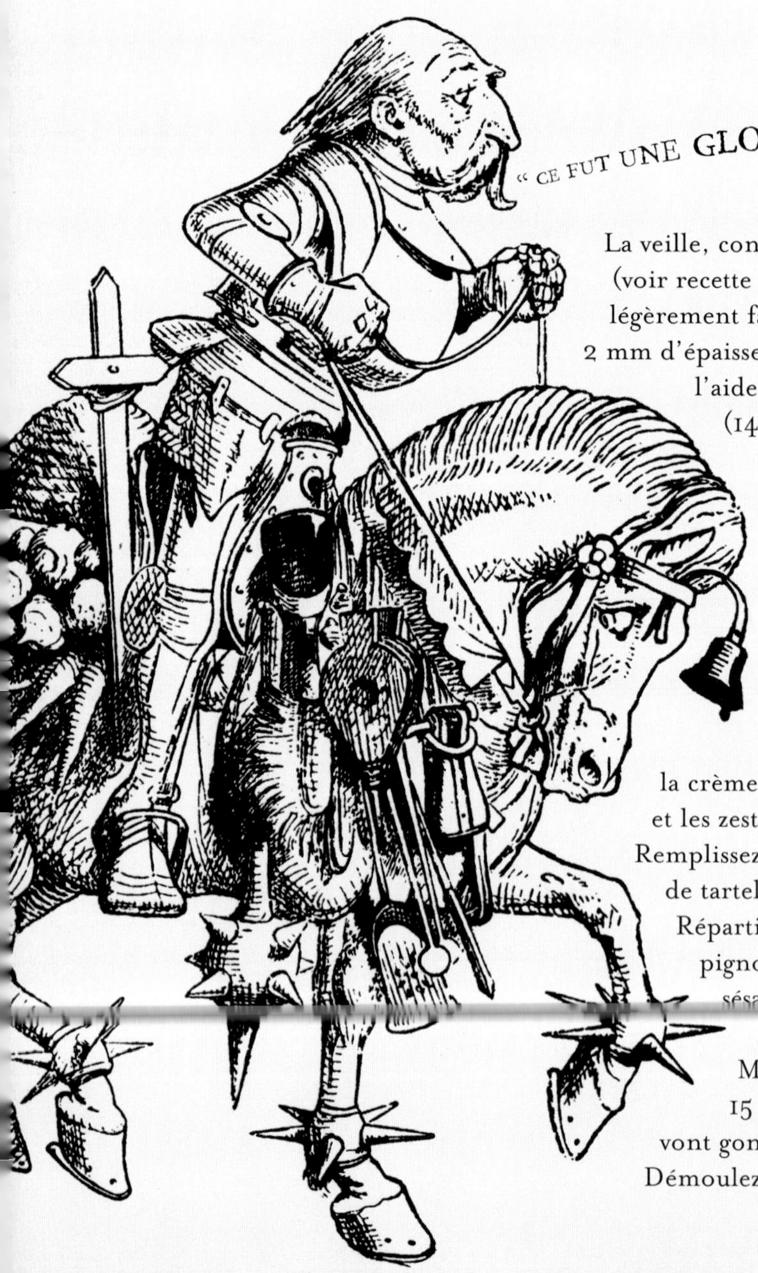

La veille, confectionnez la pâte sablée (voir recette p. 159) Le jour même, sur une table légèrement farinée, étalez la pâte sur 2 mm d'épaisseur. Découpez 12 disques de pâte à l'aide d'un emporte-pièce rond cannelé (14 cm de diamètre). Beurrez les moules. Disposez soigneusement la pâte. Pressez-la légèrement dans le fond et sur les côtés. Piquez avec une fourchette. Réservez au frais. Préchauffez le four à 180 °C (th. 6).

Confectionnez la crème d'amandes (voir recette p. 158). Dans un bol, mélangez la crème d'amandes, la crème fraîche et les zestes d'agrumes.

Remplissez aux trois-quarts les fonds de tartelettes de cette préparation. Répartissez les amandes, noisettes, pignons, pistaches, graines de sésame et de pavot sur la frangipane. Parsemez de fleur de sel.

Mettez à cuire pendant 15 minutes environ. Les tartelettes vont gonfler et joliment dorer. Démoulez les frangipanes sur une grille.

ALICE REINE
QUEEN ALICE

LA COURONNE
DE LA REINE
RECETTE P. 165

VOL AU VENT
AU STILTON, RECETTE p. 165

"LAISSEZ-MOI VOUS PRÉSENTER À CE GIGOT..."

Gigot d'agneau, recette p. 166

Sauce à la menthe recette p. 166

GÂTEAU D'ALICE

POUR 8 PERSONNES
PRÉPARATION : 30 + 10 + 40 MINUTES
CUISSON : 10 MINUTES ENVIRON
Un cercle de 20 cm de diamètre et 5 cm de hauteur
3 plaques de four couvertes de papier sulfurisé
1 feuille de papier sulfurisé
Poche et douille simple (8 mm de diamètre)

POUR LE MACARON MOELLEUX
280 g d'amandes finement râpées
200 g + 100 g de sucre en poudre
340 g de blanc d'œuf, soit le blanc de 11 œufs moyens
360 g de ganache au chocolat noir (voir recette p. 158)

POUR LA DÉCORATION
500 g de pâte d'amande au chocolat
50 g de pâte d'amande rose
50 g deglace royale (voir recette p. 159)
1 g de colorant en poudre vert, rose et jaune

Pour le macaron moelleux : Dans le bol de votre robot ménager, mélangez les blancs d'œufs et 200 g de sucre. Fouettez jusqu'à ce qu'ils soient bien fermes. Dans une assiette creuse, mélangez les amandes râpées et 100 g de sucre. Versez cette préparation en pluie sur les blancs en neige, en mélangeant délicatement à l'aide d'une cuiller en bois. Versez cette préparation dans des bols, en trois parts égales. Colorez chaque préparation d'une teinte différente (vert, rose et jaune) en mélangeant délicatement, sans faire retomber la pâte. Préchauffez le four à 200 °C (th. 6-7). Sur les feuilles de papier sulfurisé, dressez deux fonds de 20 cm de diamètre de chaque couleur, à l'aide d'une poche et d'une douille simple. Mettez à cuire 10 minutes, environ. Laissez refroidir sur des grilles à température ambiante.

Pour le montage du gâteau : Faites ramollir la ganache dans un bain-marie.

Déposez le cercle sur une feuille de papier sulfurisé.

Ce gâteau est composé de 6 couches de macaron moelleux de différentes couleurs.

Coulez 60 g de ganache entre chaque couche de macaron.

Terminez en couvrant le gâteau d'une dernière couche de ganache.

Laissez figer au réfrigérateur pendant 2 heures.

Sur une feuille de papier sulfurisé, étalez la pâte d'amande sur 2 mm d'épaisseur. Couvrez le gâteau puis décorez-le de glace royale colorée et de roses en pâte d'amande ou en sucre.

Meringues chantilly rose

Pour 8 personnes
Préparation : 10 + 10 minutes
Cuisson : 1 heure 30
Une plaque de four couverte de papier sulfurisé
Poche et douille cannelée

Pour la meringue
120 g de blancs d'œufs soit les blancs de quatre œufs moyens
160 g de sucre en poudre
80 g de sucre cristallisé

Pour la crème
75 g de pulpe de framboises
300 g de crème fraîche liquide (30 cl)
40 g de sucre glace
1 pointe de couteau de cardamome moulue

Pour les meringues : Dans le bol de votre robot ménager mélangez les blancs et le sucre en poudre. Fouettez jusqu'à ce qu'ils soient bien fermes. Ajoutez le sucre cristallisé en mélangeant délicatement avec une cuiller en bois. Préchauffez le four à 100 °C (th. 3). Dressez des petites torsades de meringue (de 4 cm de long) à l'aide d'une poche et d'une douille cannelée. Mettez au four pendant 1 h 30 environ. Les meringues vont gonfler puis sécher.

Pour la crème chantilly rose : Dans le bol de votre robot ménager (refroidi 15 minutes au réfrigérateur), mélangez la crème fraîche, la pulpe de framboises, le sucre glace et la cardamome. Fouettez pour obtenir une chantilly à la framboise. À l'aide d'une poche et d'une douille cannelée, dressez de la crème chantilly entre les coquilles de meringue torsadées.
Réservez ces petits gâteaux au réfrigérateur jusqu'au dernier instant.

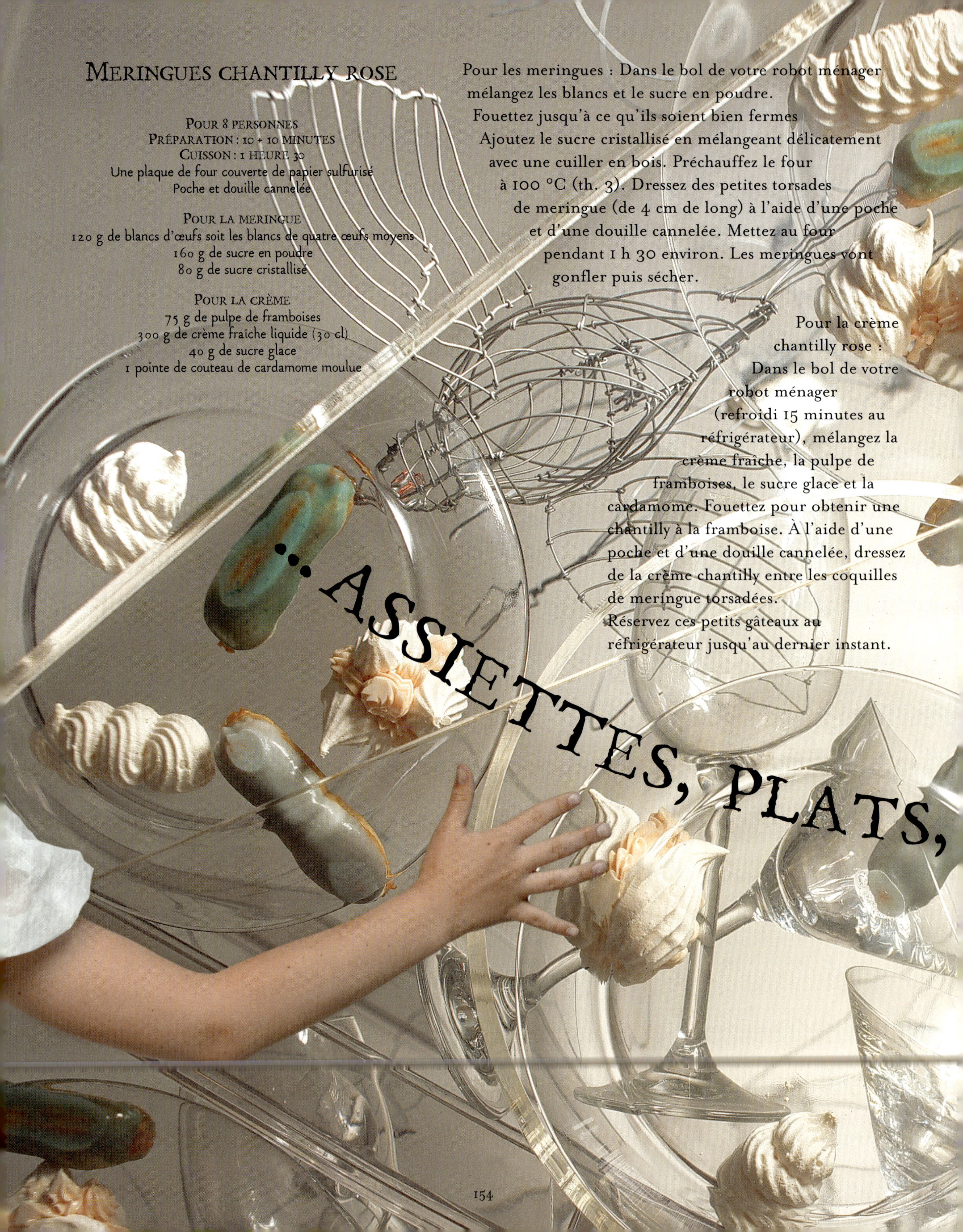

... ASSIETTES, PLATS,

CONVIVES ET CHANDELIERS ALLÈRENT S'ÉCROULER EN TAS SUR LE SOL…

ÉCLAIRS À LA MENTHE

POUR 6 PERSONNES
PRÉPARATION : 45 MINUTES
CUISSON : 15 + 10 + 10 MINUTES
Une plaque de four couverte de papier sulfurisé
Poche et douille simple

325 g de pâte à choux (voir recette p. 159)
200 g de crème pâtissière (voir recette p. 158)
20 feuilles de menthe finement hachées

POUR LE GLAÇAGE
100 g de ganache à la menthe
(voir recette Pancakes p. 138)

Préchauffez le four à 210 °C (th. 7).
À l'aide d'une poche et d'une douille simple,
Dressez des éclairs de 5 cm de long sur une plaque légèrement beurrée.
Espacez-les de 3 cm afin que leur cuisson soit régulière
Et qu'ils ne collent pas entre eux.
Badigeonnez-les d'un peu d'œuf battu.
Décorez d'un trait de fourchette.
Mettez à cuire 15 minutes environ.
Les éclairs vont gonfler et joliment dorer.
Laissez-les refroidir sur une grille.
Dans un bol, mélangez la crème pâtissière et les feuilles de menthe hachées.
Ouvrez les éclairs sur la longueur à l'aide d'un couteau scie.
Garnissez-les de la crème pâtissière aromatisée,
À l'aide d'une poche et d'une douille simple,
Puis glacez-les de ganache à la menthe.

“PETIT CHAT, TU NE DEVRAIS PAS RONRONNER

FILETS DE SOLE
RECETTE P. 166

SI FORT… TU M'AS RÉVEILLÉE !»

Crème pâtissière

Pour 400 g de crème pâtissière
Préparation : 15 minutes
250 g de lait entier (25 cl), 60 g de sucre en poudre,
60 g de jaunes d'œufs, soit 3 jaunes d'œufs , 25 g de crème fraîche liquide (2,5 cl), 20 g de fécule de pomme de terre ou de maïs,
1/2 gousse de vanille

Mettez à chauffer le lait, la moitié du sucre et la gousse de vanille dans une casserole à fond épais.
Portez au frémissement, laissez infuser la vanille.
Dans un bol, mélangez le sucre restant et la fécule.
Ajoutez les jaunes d'œufs et la crème. Fouettez jusqu'à ce qu'il n'y ait plus de grumeaux. Retirez la gousse de vanille. Versez dans le lait parfumé la préparation sucre, fécule, jaunes et crème. Portez à ébullition sur feu moyen, en fouettant continuellement. Laissez bouillonner 2 minutes en fouettant toujours. La crème pâtissière devient épaisse et lisse. Versez-la dans une terrine, couvrez d'un film alimentaire. Réservez au frais.

Crème d'amandes

Pour 320 g de crème d'amandes
Préparation : 10 minutes
75 g de beurre tempéré, 60 g de sucre glace, 75 g d'amandes mondées râpées, 30 g de farine de blé, 80 g d'œufs, soit 2 petits œufs

Déposez le beurre et le sucre dans le bol de votre robot ménager. Mélangez quelques instants à l'aide du fouet.
Ajoutez les œufs, la farine tamisée et les amandes râpées.
Fouettez jusqu'à ce que la crème devienne claire et onctueuse.

Crème citron

Pour 630 g de crème citron
Préparation : 10 minutes, cuisson : 10 minutes
Film alimentaire
90 g de jus de citron (9 cl), le zeste finement râpé d'1 citron non traité,
125 g d'œufs, soit 3 petits œufs, 180 g de sucre cristallisé,
225 g de beurre

Dans une casserole, faites fondre le beurre. Versez le jus de citron et le zeste râpé. Portez au frémissement en remuant à l'aide d'un fouet. Dans une terrine, mélangez les œufs et le sucre. Fouettez jusqu'à ce que le mélange blanchisse.
Ajoutez cette préparation dans la casserole. Laissez cuire à feu doux en remuant sans cesse au fouet. Amenez au frémissement. Versez dans un bol. Couvrez d'un film alimentaire. Réservez au frais.

Pâte brisée semi-feuilletée

Pour 1 kg de pâte
Préparation : 60 minutes
Film alimentaire
500 g de farine de blé, 300 g de beurre froid, 10 g de sucre en poudre,
5 g de sel, 200 g d'eau (20 cl)

Dans un bol, faites dissoudre le sel dans l'eau.
Coupez le beurre en petits dés. Tamisez la farine sur la table. Disposez les dés de beurre, enrobez-les de farine.
Creusez un puits et versez l'eau salée, ajoutez le sucre.
Pétrissez délicatement, sans écraser les dés de beurre.
Formez ainsi une pâte qui aura un aspect grumeleux.
Emballez la pâte d'un film alimentaire. Laissez reposer au réfrigérateur, pendant 15 minutes. Sur une table de travail légèrement farinée, étalez la pâte en un rectangle de 1,5 cm d'épaisseur. Pliez ce rectangle en trois, en rabattant le haut puis le bas en portefeuille. Protégez la pâte d'un film alimentaire. Laissez reposer au réfrigérateur 15 minutes.
Renouvelez cette opération une seconde fois. Emballez la pâte d'un film alimentaire. Laissez-la encore reposer au réfrigérateur pendant 30 minutes avant de l'utiliser.

Ganache au chocolat amer

Pour 250 g de ganache
Préparation : 10 minutes, cuisson : 5 minutes
100 g de lait (10 cl), 30 g de beurre, 125 g de chocolat amer

Râpez finement le chocolat dans une terrine. Dans une casserole, portez le lait à ébullition. Versez ce liquide sur le chocolat râpé. Mélangez délicatement à l'aide d'un fouet.
Ajoutez le beurre coupé en très petits dés. Tournez doucement jusqu'à ce qu'il soit fondu. Réservez cette ganache, au frais.

Pâte Linzer

Pour 650 g de pâte Linzer
Préparation : 15 minutes
250 g de farine de blé, 125 g de beurre tempéré, 125 g de sucre en poudre, 100 g d'œufs, soit environ 2 œufs moyens,
4 g de cacao en poudre, 4 g de cannelle moulue,
4 g de levure chimique, 25 g de lait, 1 pincée de sel

Pour cette pâte sablée, procédez de la même manière que pour la pâte sablée au pralin et aux noisettes (recette p. 159).
Répartissez le cacao en poudre, la cannelle, la levure chimique en même temps que le sel sur le rebord du puits.
Battez le lait avec les œufs et versez ce mélange dans le puits.

Pâte sablée au pralin et aux noisettes

Pour 600 g de pâte sablée
Préparation : 20 minutes

250 g de farine de blé, 100 g de sucre glace, 150 g de beurre tempéré, 50 g d'œuf, soit environ 1 œuf, 50 g de noisettes râpées, 25 g de pâte pralinée ou pralin (que vous pouvez acheter chez un pâtissier), 1 pincée de sel

Tamisez la farine sur votre table de travail. Creusez un puits. Répartissez le sel et les noisettes râpées sur le rebord. Déposez le beurre, le sucre glace et le pralin au centre. Mélangez du bout des doigts jusqu'à obtenir une crème onctueuse. Ramenez peu à peu la farine au centre du puits et frottez délicatement ce mélange entre vos mains, jusqu'à obtenir une texture qui rappelle le sable. Formez maintenant un nouveau puits. Battez l'œuf dans un bol et versez-le. Pétrissez doucement la pâte. Veillez à ne pas trop la travailler. Puis roulez la pâte en boule. Protégez-la en l'emballant soigneusement dans un film alimentaire. Laissez-la reposer au moins 1 heure au frais avant de l'utiliser.
Vous pouvez aussi aromatiser cette pâte : ajoutez alors dans la farine 4 g de cardamome, de cannelle ou de badiane moulues ; ou 3 g de poivre moulu ou de curry.

Pâte à choux

Pour 325 g de pâte à choux, soit 40 choux de 3 cm de diamètre ou 20 éclairs de 5 cm de long
Préparation : 10 minutes, Cuisson : 10 + 15 minutes

100 g de lait entier (10 cl), 50 g de beurre, 70 g de farine de blé tamisée, 3 g de sucre en poudre, 1 pincée de sel, 100 g d'œufs, soit 2 œufs moyens

Dans une casserole, mélangez le lait, le beurre, le sucre et le sel. Portez à ébullition. Hors du feu, versez la farine en pluie. Mélangez rapidement à l'aide d'une cuiller en bois. Posez à nouveau la casserole sur le feu et faites cuire 3 minutes en remuant toujours. Versez la pâte dans une terrine, tournez pour la refroidir un peu. Incorporez 2 œufs un après l'autre. Remuez vivement pour lisser la pâte à choux.

Méthode pour tempérer le chocolat

Râpez finement la tablette de chocolat au-dessus d'un bol. Préparez un bain-marie. Lorsque l'eau bout, retirez la casserole du feu. Posez le bol contenant le chocolat dans le bain-marie. Tournez à l'aide d'une cuiller en bois jusqu'à ce que le chocolat soit fondu. Mettez alors le bol dans une terrine contenant des glaçons. Contrôlez la température du chocolat avec un thermomètre. Continuez à mélanger, en ramenant le chocolat des parois vers le centre jusqu'à obtenir une température de 28 °C. Posez à nouveau le bol dans le bain-marie pour remonter la température du chocolat à 30-31 °C.
Pour obtenir un chocolat brillant et craquant, il importe de respecter les températures indiquées et de travailler dans une pièce où la température ambiante n'excède pas 20 °C.

Glace royale

Pour 250 g de glace royale
Préparation : 5 minutes
200 g de sucre glace, le blanc d'1 gros œuf (50 g), le jus d'1/2 petit citron

Mélangez le sucre glace tamisé et le blanc d'œuf dans le bol d'un robot ménager. Ajoutez le jus de citron. Montez en meringue à l'aide du fouet pendant 5 minutes environ.

Sorbet aux fruits

Pour 8 personnes
Préparation : 15 minutes

Sorbet fraise
500 g de fraises équeutées, 80 g de sucre en poudre, 40 g d'eau (4 cl), le jus d'1 citron

Sorbet myrtille réglisse
500 g de myrtilles sauvages, 80 g de sucre en poudre, 100 g d'eau (10 cl), le jus d'un citron, 4 g de réglisse moulue

Sorbet pamplemousse jaune
400 g jus de pamplemousse (40cl), 100 g de sucre en poudre, 40 g d'eau (4 cl), le jus d'1 citron

Sorbet menthe
400 g d'eau (40cl), 150 g de sucre en poudre, 30 feuilles de menthe hachées, le jus d'1 citron

Rincez les fruits à l'eau fraîche (pour le sorbet fraise et le sorbet myrtille réglisse). Dans une petite casserole en inox, versez l'eau, le sucre et le jus de citron. Portez au frémissement. Ajoutez ce sirop dans les fruits et mixez pour obtenir une pulpe (pour le sorbet fraise et le sorbet myrtille réglisse). Ajoutez ce sirop dans le jus de pamplemousse ou sur la menthe (pour le sorbet pamplemousse jaune et le sorbet menthe). Versez cette préparation dans une sorbetière et laissez prendre le sorbet. Conservez-le dans votre congélateur. Déposez le sorbet pendant 10 minutes dans votre réfrigérateur avant de le servir.

CANARD FARCI AUX FRUITS SECS ET AUX AGRUMES

(page 26)

POUR 8 PERSONNES
PRÉPARATION : 1 HEURE, CUISSON : 2 HEURES
Un large plat en fonte ou en terre cuite

1 canard de 2 kg environ

POUR LA FARCE
400 g de cuisses de canard désossées et sans peau
Le foie du canard
300 g de poitrine de porc découennée
100 g d'œuf, soit 2 œufs moyens
50 g d'abricots secs
50 g d'écorce d'orange confite
50 g de figues sèches
50 g de pruneaux
50 g de pignons de pin
20 cl de gewurztraminer
4 g de quatre-épices
10 g de sel
3 g de poivre blanc du moulin

POUR LA GARNITURE
1 petit céleri-rave
2 petites carottes
6 échalotes
8 gousses d'ail
3 pointes de couteau de cardamome moulue
2 oranges non traitées
40 cl de gewurztraminer
40 cl de fond de volaille ou de fond de veau

POUR LE JUS DE CUISSON
50 g d'écorce d'orange confite détaillée en petits cubes

Découpez les cuisses de canard en petits filets. Détaillez les abricots, les pruneaux, les écorces d'orange et les figues sèches en fins bâtonnets. Déposez-les dans une terrine avec les filets, le gewurztraminer, les épices. Mélangez, couvrez la terrine et laissez mariner pendant au moins 6 heures. Préparez les légumes et les fruits pour la garniture : Rincez le céleri et les carottes à l'eau fraîche. Épluchez-les et détaillez-les en gros dés. Épluchez les échalotes et les gousses d'ail. Rincez les oranges à l'eau fraîche en les brossant et découpez-les en huit quartiers. Réservez cette garniture. Préparez la farce : découpez la poitrine de porc en morceaux. Nettoyez le foie de canard à l'aide d'un petit couteau puis coupez-le en deux. Passez la poitrine de porc et le foie au hachoir (grille fine). Dans une terrine, mélangez la poitrine de porc et le foie haché, les filets de canard, les œufs, les fruits secs marinés et les pignons. Rectifiez l'assaisonnement. Préchauffez le four à 210 °C (th. 7). Salez et poivrez légèrement l'intérieur et l'extérieur du canard. Remplissez le ventre du canard de la farce. Refermez à l'aide d'une aiguille et de fil. Ficelez le canard de façon à maintenir les ailes et les pattes contre le corps pendant la cuisson. Déposez-le dans le plat de cuisson. Rangez la garniture autour et saupoudrez de la cardamome moulue. Versez alors 20 cl de fond de volaille et 20 cl de gewurztraminer sur la garniture, mettez au four. Après 30 minutes de cuisson, arrosez le canard du reste de fond de volaille et de gewurztraminer. Baissez la température à 150 °C (th. 5) et poursuivez la cuisson 1 h 30. Arrosez régulièrement le canard et la garniture du jus de cuisson. Lorsque le canard est cuit, sortez-le du plat, ôtez la ficelle. Déposez-le sur un plat de service. Couvrez-le d'une feuille de papier aluminium et réservez-le au four. Filtrez le jus de cuisson au travers d'un chinois. Laissez reposer puis ôtez la couche de graisse qui s'est formée à la surface. Versez le jus de canard dans une petite casserole. Ajoutez les dés d'écorce d'orange confite et laissez réduire quelques instants. Servez le canard accompagné de petites pommes de terre rissolées.

PORC, POIRES ET POIVRES

(page 52)

POUR 6 PERSONNES
PRÉPARATION : 15 MINUTES, CUISSON : 60 MINUTES
Une sauteuse en fonte

1,5 kg de poitrine de porc
200 g de miel de bruyère
200 g de vinaigre de vin (20 cl)
500 g de vin blanc sec (50 cl)
6 poires passe-crassane
Sel, poivres de Cayenne, de Cubèbe, du Sichuan

Préchauffez le four à 210 °C (th. 7). Incisez la couenne de la poitrine de porc. Déposez la viande dans une sauteuse. Badigeonnez-la de miel. Salez et poivrez, puis mettez au four. Après 10 minutes, déglacez avec le vinaigre. Baissez la température à 180 °C (th. 6). Après 20 minutes, versez le vin. Épluchez les poires, entaillez-les. Disposez-les autour de la viande. Poursuivez la cuisson 30 minutes et arrosez régulièrement la viande et les poires du jus de cuisson. Lorsque la viande est cuite, filtrez le jus. Versez-le dans une casserole. Ajoutez des grains de poivre concassés. Laissez réduire 5 minutes. Accompagnez le porc grillé des poires, du jus aux poivres et de sauce à la menthe (recette p; 166).

PUDDING DES FOUS
(page 57)

POUR 8 PERSONNES
PRÉPARATION : 60 MINUTES, CUISSON 6 À 7 HEURES
12 HEURES DE RÉFRIGÉRATION
Une moule à brioche parisienne (8 cm de hauteur et 20 cm de diamètre)
Film alimentaire

300 g de graisse de rognons
250 g de chapelure
125 g de farine de blé
200 g d'œufs, soit 4 œufs moyens
50 g de cognac (5 cl)
100 g de lait (10 cl)
3 g d'épices de Noël (cannelle, cardamome, badiane, etc.)
3 g de muscade râpée
250 g de sucre roux
250 g de raisins de Corinthe + 250 g de raisins de Smyrne
40 g de zestes finement râpés de plusieurs citrons non traités
40 g d'aiguillettes de citrons confits découpées en petits dés
1 pincée de sel

POUR LA DÉCORATION
Quelques fruits confits

La veille, hachez finement la graisse. Dans le bol du robot ménager, mélangez la farine, la chapelure, la graisse, le sel et le sucre à l'aide de la palette. Incorporez les œufs battus et le lait. Ajoutez les épices, la muscade, les raisins, les zestes des citrons et les dés de citrons confits. Couvrez d'un film alimentaire. Laissez reposer la pâte 12 heures au frais. Le lendemain, ajoutez le cognac dans cette pâte et mélangez. Tapissez l'intérieur du moule d'un film alimentaire. Garnissez-le du pudding. Emballez le moule d'un linge et plongez-le dans une marmite contenant de l'eau bouillante. Faites cuire à petits bouillons pendant 6 à 7 heures. Veillez à ce que l'eau recouvre toujours le pudding. Sortez le moule de l'eau, retirez le linge et démoulez le pudding. Décorez-le de quelques fruits confits. Dégustez-le avec une sauce de beurre fondu, ou piquez dans le pudding une douzaine de morceaux de sucre, arrosez de rhum et faites flamber.

LINZER TARTE
(page 80)

POUR 6 PERSONNES
PRÉPARATION : 40 MINUTES, CUISSON 35 MINUTES ENVIRON
Un cercle de 20 cm de diamètre et 2,5 cm de hauteur
Une plaque du four
Un bol en inox de 20 cm de diamètre
Une feuille de papier sulfurisé

650 g de pâte Linzer (voir recette p. 158)
250 g de confiture de framboises
150 g + 150 g de framboises fraîches

La veille, confectionnez la pâte Linzer (voir recette p. 158). Sur une table légèrement farinée, étalez la moitié de la pâte sur 4 mm d'épaisseur en un disque de 24 cm de diamètre. Beurrez légèrement le cercle posé sur une plaque de four. Disposez soigneusement la pâte. Pressez-la du bout des doigts dans le fond et sur les côtés. Piquez avec une fourchette. Étalez le reste de pâte en un carré de 3 mm d'épaisseur. Découpez des bandelettes de 1 cm de large. Couvrez de papier sulfurisé l'extérieur du bol en inox. Dressez les bandelettes en croisillons sur le papier sulfurisé. Réservez ces deux préparations au frais pendant 15 minutes. Préchauffez le four à 180 °C (th. 6). Dans un bol, mélangez la confiture de framboises et 150 g de framboises. Garnissez le fond de tarte de cette préparation. Mettez le dôme de croisillons à cuire pendant 15 minutes environ et la tarte Linzer pendant 30 minutes environ. Laissez refroidir le dôme sur le bol couvert de papier sulfurisé et la tarte dans son cercle. Démoulez la tarte sur une grille. Garnissez de quelques framboises fraîches. Couvrez la tarte du dôme de croisillons en pâte sablée.

TARTE COUVERTE AUX ABRICOTS ET ORANGES
(page 84)

POUR 6 PERSONNES
PRÉPARATION : 40 MINUTES, CUISSON : 35 MINUTES ENVIRON
24 HEURES DE RÉFRIGÉRATION
Un moule à tarte de 20 cm de diamètre
et 3 cm de hauteur

500 g de pâte brisée semi-feuilletée (voir recette p. 158)
320 g de crème d'amandes (voir recette p. 158)
8 abricots bergerons
2 oranges
1 œuf

La veille, confectionnez la pâte brisée semi-feuilletée (voir recette p. 158). Le jour même, préparez la crème d'amandes (voir recette p. 158). Rincez les abricots à l'eau fraîche, coupez-les en deux, retirez les noyaux. Découpez les oranges à vif pour en retirer les quartiers. Sur une table légèrement farinée, étalez 200 g de pâte sur 2,5 mm d'épaisseur. Réservez au frais. Étalez le reste de pâte sur 2 mm d'épaisseur en un disque de 28 cm de diamètre. Beurrez légèrement le moule à tarte. Disposez soigneusement la pâte. Pressez-la du bout des doigts dans le fond et sur les côtés. Piquez avec une fourchette. Garnissez de crème d'amandes, des oreillons d'abricots et des quartiers d'oranges. Mouillez les bords de la tarte d'un peu d,eau froide à l'aide d'un pinceau. Découpez des bandelettes et des losanges dans la pâte réservée au frais.

Décorez le dessus de la tarte. Dorez la pâte d'un peu d'œuf battu. Réservez encore la tarte au frais pendant 20 minutes. Préchauffez le four à 210 °C (th. 7). Mettez à cuire pendant 35 minutes environ, en veillant à baisser la température à 190 °C (th. 6-7) au moment d'enfourner. Démoulez la tarte sur une grille.

GRANITÉ À LA ROSE

(page 99)

POUR 6 PERSONNES
PRÉPARATION : 10 MINUTES
6 verres

450 g de gewurztraminer (45 cl)
100 g de sucre en poudre
50 g d'eau (5 cl)
50 g d'eau de rose (5 cl)

La veille, dans une petite casserole en inox, versez l'eau et le sucre. Portez au frémissement et laissez refroidir. Ajoutez le vin et l'eau de rose. Versez ce liquide dans un plat à gratin, déposez-le au congélateur. Laissez durcir cette préparation, mélangez de temps en temps à l'aide d'un fouet. Ce liquide durcira et formera des cristaux. Le jour même, déposez 6 verres au congélateur. Quelques minutes avant de servir le granité, sortez le plat du congélateur. À l'aide d'une cuiller, raclez les cristaux de glace. Déposez les paillettes de granité à la rose dans les verres froids. Servez dans l'instant.

FLEURS DE COURGETTES EN DENTELLE

(suite de la page 101)

Choisissez des fleurs de courgettes fraîchement cueillies. Séparez les pétales pour ouvrir les fleurs. Dans une cocotte, faites chauffer l'huile (jusqu'à 180 °C).
Préparez la pâte à beignets : Tamisez la farine dans une terrine. Ajoutez le lait, la crème, le sucre, le sel, la bière et les œufs. Mélangez, à l'aide d'un fouet en veillant à ne pas former de grumeaux. Enrobez les fleurs de courgettes de pâte à beignets. Immergez-les dans le bain d'huile, en secouant délicatement (les fleurs resteront ainsi ouvertes). Quand elles sont dorées sur les deux faces, retirez-les à l'aide d'une écumoire. Déposez-les sur un papier absorbant. Parsemez-les d'un peu de fleur de sel et de sucre aromatisé à la cannelle.
À l'aide d'une poche et d'une petite douille simple, dressez des dentelles de beignets dans l'huile chaude, laissez dorer sur chaque face, retirez-les à l'aide d'une écumoire. Déposez-les sur un papier absorbant. Servez les fleurs de courgettes et les dentelles de beignets dans l'instant.

CARAMELS TENDRES AU POIVRE ET AU SÉSAME GRILLÉ

(page 104)

POUR 6 PERSONNES
PRÉPARATION : 10 MINUTES, CUISSON : 10 MINUTES
Un plat à gratin carré de 15 cm de côté et 3 cm de hauteur

500 g de sucre en poudre
100 g de beurre salé
100 g d'eau (10cl)
5 g de gingembre frais râpé
100 g de lait entier (10 cl)
15 g de sésame grillé
Poivre du moulin

Chauffez le lait dans une petite casserole en inox.
Déposez le sucre, le beurre, l'eau et le gingembre dans une autre casserole. Portez cette préparation à ébullition en remuant à l'aide d'une cuiller en bois. Poivrez.
Ce caramel prendra tout d'abord une consistance mousseuse et une couleur crème.
Laissez cuire en tournant continuellement jusqu'à ce qu'il devienne brun. Retirez du feu, remuez encore quelques instants. Ajoutez le lait chaud, mélangez et portez à nouveau à ébullition.
Versez dans le moule à gratin huilé, parsemez le sésame grillé. Laissez refroidir à température ambiante.
Démoulez et découpez les caramels avec un couteau légèrement huilé.
Emballez les caramels dans du papier cellophane. Rangez les papillotes dans un endroit très sec.

AILES AU CARAMEL ET FLEUR DE SEL

(page 105)

POUR 6 PERSONNES
PRÉPARATION : 10 MINUTES, CUISSON : 10 MINUTES
MATÉRIEL 1 plaque de four couverte de papier sulfurisé légèrement huilé

500 g de sucre en poudre
250 g de beurre
50 g d'eau (5 cl)
Fleur de sel

Déposez le sucre, le beurre et l'eau dans une casserole en inox. Portez à ébullition en remuant à l'aide d'une cuiller en bois. Ce caramel prendra tout d'abord une consistance mousseuse et une couleur crème. Laissez cuire en tournant continuellement jusqu'à ce qu'il devienne brun.
Retirez le caramel du feu, remuez encore quelques instants. Sur une plaque couverte de papier sulfurisé légèrement huilé, coulez le caramel en filets pour former des bandes de 15 cm de long. Le caramel va s'étendre et former de fines petites ailes. Parsemez de fleur de sel. Conservez ces fins caramels croquants au sec dans une boîte en métal.

Pâté à la volaille et aux herbes

(page 106)

Pour 6 personnes
Préparation 20 + 20 minutes, cuisson : 50 + 40 minutes
24 heures de réfrigération
Une terrine carrée de 10 cm de côté et 10 cm de hauteur
Une plaque de four couverte de papier sulfurisé

500 g de pâte brisée semi-feuilletée (voir recette p. 158)
800 g de filets de volaille
200 g de farce fine (que vous pouvez acheter chez le boucher)
50 g de riesling (5cl)
50 g de pignons de pins
30 feuilles d'estragon
5 petites feuilles de sauge
10 brins de romarin
1 œuf
8 g de fleur de sel
3 g de poivre du moulin

La veille, préparez votre pâté. Préchauffez le four à 180 °C (th. 6). Découpez la viande de volaille en petits dés. Dans un bol, mélangez la viande, la farce, le vin, le sel, le poivre, les pignons et les herbes. Déposez cette préparation dans la terrine et pressez du bout des doigts. Mettez à cuire pendant 50 mn. Laissez refroidir la terrine à température ambiante, puis réservez au réfrigérateur.
Le lendemain, préchauffez le four à 210 ° C (th. 7).
Sur une table légèrement farinée, étalez la pâte sur 2,5 mm d'épaisseur en un rectangle de 32 cm de long et 20 cm de large. Divisez ce rectangle en 2 bandes de 32 cm de long et 10 cm de large.
Démoulez la terrine de volaille. Déposez le cube de viande au centre de la première bande de pâte et couvrez 2 faces du pâté. Puis enrobez les 3 autres faces du pâté de la deuxième bande de pâte. Déposez le pâté sur une plaque couverte de papier sulfurisé.
À l'aide d'un pinceau, dorez la pâte d'un peu d'œuf battu. Découpez une petite cheminée au centre du pâté. Laissez reposer une demi-heure au réfrigérateur.
Au moment d'enfourner, baissez la température à 180° C (th. 6). Mettez à cuire pendant 40 minutes environ. Servez ce pâté de volaille aux herbes dans l'instant, accompagné d'une salade croquante.

Pain d'épices et chocolat

(page 110)

Préparation : 60 minutes, cuisson : 10 minutes
1 semaine de repos
Une plaque du four couverte de papier sulfurisé
Une feuille de papier sulfurisé pour étaler le chocolat
Film alimentaire

250 g de miel de sapin
250 g de farine de blé
3 pointes de couteau de zeste finement râpé d'une orange non-traitée
1 pointe de couteau de cannelle moulue
1 pointe de couteau de cardamome moulue
1 pointe de couteau de clous de girofle moulus
2,5 g de bicarbonate d'ammonium (en pharmacie)
2,5 g de carbonate de potassium (en pharmacie)
20 g de jaune d'œuf, soit le jaune d'un œuf moyen
200 g de chocolat noir amer tempéré (voir méthode p. 159)

Pour la décoration
10 g de cacao en poudre

Une semaine auparavant, faites tiédir le miel dans une casserole. Tamisez la farine dans une terrine. Versez le miel et tournez à l'aide d'une cuiller en bois. Couvrez la pâte d'un film alimentaire, réservez à température ambiante.
Le jour même, délayez séparément le bicarbonate d'ammonium et le carbonate de potassium avec une cuillerée à café d'eau. Découpez la pâte de miel en petits morceaux. Déposez-les dans le bol d'un robot ménager. Ajoutez les zestes d'orange, les épices, le bicarbonate d'ammonium, le carbonate de potassium, le jaune d'œuf. Travaillez la pâte à l'aide du crochet jusqu'à ce que tous les ingrédients soient bien mélangés. Préchauffez le four à 170 °C (th. 5-6).
Sur une table légèrement farinée, étalez la pâte sur 3 mm d'épaisseur. Découpez les corps et les accessoires des guerriers à l'aide d'un modèle en carton et d'un petit couteau. Disposez-les sur une plaque du four, couverte de papier sulfurisé en les espaçant de 3 cm.
Mettez à cuire 10 minutes environ jusqu'à ce que la pâte à pain d'épices soit gonflée et dorée. Laissez refroidir sur une grille. Tempérez le chocolat (voir métode p. 159).
Sur une feuille de papier sulfurisé, étalez 100 g de chocolat sur 2 mm d'épaisseur, à l'aide d'un couteau

palette. Laissez figer à température ambiante (20 °C maximum).
Découpez les accessoires des guerriers à l'aide d'un petit couteau. Habillez les guerriers jumeaux en fixant les accessoires en chocolat et en pain d'épices avec du chocolat tempéré. Décorez d'un peu de cacao en poudre.

PELOTES À LA CRÈME DE MARRONS

(page 123)

POUR 6 PERSONNES
PRÉPARATION : 10 + 30 MINUTES, CUISSON : 1 HEURE 30
Une plaque de four couverte de papier sulfurisé
Poche et douille simple

POUR LA MERINGUE
120 g de blancs d'œufs, soit les blancs de 4 œufs moyens
160 g de sucre en poudre
80 g de sucre cristallisé

POUR LES CRÈMES
300 g + 100 g de crème de marrons
100 g de beurre tempéré
300 g de crème fraîche liquide (30cl)

Pour les meringues :
Dans le bol de votre robot ménager, mélangez les blancs et le sucre en poudre. Fouettez jusqu'à ce qu'ils soient bien fermes. Ajoutez le sucre cristallisé en mélangeant délicatement avec une cuiller en bois. Préchauffez le four à 100 °C (th. 3). Dressez 24 boules de meringue (de 5 cm de diamètre) à l'aide d'une poche et d'une douille simple.
Mettez au four pendant 1 h 30 environ. Les meringues vont gonfler puis sécher.

Pour les deux crèmes de marrons :
Dans le bol de votre robot ménager (refroidi 15 minutes au réfrigérateur), mélangez la crème fraîche et 100 g de crème de marrons. Fouettez pour obtenir une chantilly aux marrons. Réservez au réfrigérateur. Dans un autre bol, tournez le beurre en pommade. Ajoutez 300 g de crème de marrons en remuant délicatement. Réservez au réfrigérateur. À l'aide d'une poche et d'une douille simple, dressez de la crème chantilly aux marrons sur la face plate de 6 coquilles de meringue.
Couvrez de 6 autres coquilles pour former les pelotes de laine. Garnissez l'extérieur de chaque petit gâteau de cette même crème en lui donnant l'aspect de pelotes de laine. Confectionnez de la même façon 6 autres pelotes avec la deuxième crème de marrons.
Réservez ces petits gâteaux au réfrigérateur jusqu'au dernier instant.

TARTE AU FROMAGE FRAIS DE BREBIS

(page 125)

POUR 6 PERSONNES
PRÉPARATION : 40 MINUTES, CUISSON : 60 MINUTES ENVIRON
24 HEURES DE RÉFRIGÉRATION
Un moule à tarte de 20 cm de diamètre et 4 cm de hauteur

350 g de pâte sablée au pralin et aux noisettes (voir recette p. 159)
800 g de fromage frais de brebis
60 g de jaune d'œufs, soit les jaunes de 3 œufs moyens
90g de blancs d'œufs, soit les blancs de 3 œufs moyens
50 g de farine de blé
30 g + 20 g de sucre en poudre
30 g de beurre fondu
5 g de sel, poivre du moulin

POUR LA DÉCORATION
Un peu de sucre glace

La veille, confectionnez la pâte sablée au pralin et aux noisettes.
Le jour même : Sur une table légèrement farinée, étalez la pâte sur 2,5 mm d'épaisseur en un disque de 28 cm de diamètre. Beurrez légèrement le moule à tarte. Disposez soigneusement la pâte. Pressez-la du bout des doigts dans le fond et sur les côtés. Piquez avec une fourchette.
Réservez au frais pendant 20 minutes.
Préchauffez le four à 180 °C (th. 6).
Préparez la garniture :
Dans une terrine, mélangez délicatement le fromage frais, les jaunes d'œufs, la farine, 30 g de sucre, le beurre fondu, le sel et le poivre. Dans le bol de votre robot ménager, mélangez les blancs d'œufs et 20 g de sucre. Fouettez jusqu'à ce qu'ils soient bien fermes. Ajoutez délicatement les blancs montés dans la préparation au fromage de brebis.
Versez dans le moule à tarte, mettez à cuire pendant 60 minutes environ.
La tarte va bomber et joliment dorer. Retournez la tarte sur une grille pour imprimer le décor. Lorsqu'elle est froide présentez cette tarte sucrée/salée sur un plat de service. Saupoudrez d'un peu de sucre glace.

LÉGUMES AIGRE-DOUX EN BOCAUX

(page 126)

POUR ENVIRON 10 POTS DE 200 G
PRÉPARATION : 40 MINUTES, CUISSON : 40 MINUTES ENVIRON

200 g de carottes coupées en petits dés
200 g de petits champignons de Paris
200 g de céleri en branche, découpé en petits dés
100 g de poivrons, coupés en petits quartiers

200 g de choux-rave découpé en petits dés
150 g de petits oignons épluchés
150 g de petites échalotes épluchées
400 g de vinaigre blanc d'alcool (40 cl)
300 g d'eau (30 cl)
200 g de sucre cristallisé
200 g de miel de tilleul
4 gousses d'ail émincées
10 feuilles de laurier
50 grains de poivre noir
50 grains de coriandre

Préparez les petits dés de légumes. Dans une casserole, portez un litre d'eau salée à ébullition. Plongez les dés de carottes et laissez frémir quelques instants. Retirez-les à l'aide d'une écumoire et rafraîchissez-les dans un bol d'eau froide. Procédez ainsi avec chaque légume séparément.
Préparez le jus aigre-doux : Dans une casserole en inox, mélangez le vinaigre, l'eau, le sucre, le miel, les gousses d'ail, les grains de poivre et de coriandre, portez à ébullition. Versez les petits légumes blanchis dans ce liquide bouillant et portez au frémissement. À l'aide d'une écumoire, retirez les petits légumes et rangez-les dans les verres, en répartissant les grains de poivre et de coriandre. Déposez une feuille de laurier dans chaque pot. Portez une nouvelle fois le jus aigre-doux à ébullition. Ecumez et versez-le dans les pots. Ce jus doit recouvrir les légumes. Fermez les pots et retournez-les jusqu'au lendemain. Les petits légumes aigre-doux accompagnent viandes froides et charcuteries.

La COURONNE de la REINE

(page 146)

Pour 1 couronne
Préparation : 60 + 60 minutes, cuisson : 15 + 10 + 15 minutes
Une plaque de four couverte de papier sulfurisé
Une plaque du four légèrement beurrée
Poche et douille simple
Emporte-pièce en forme de S (10 cm de hauteur)

325 g de pâte à choux (voir recette p. 159)
300 g de pâte sablée au pralin et aux noisettes (voir recette p. 159)

Pour le sucre cuit
400 g de sucre cristallisé
120 g d'eau (12 cl)
5 gouttes de jus de citron

Pour la décoration
10 bigarreaux confits
15 aiguillettes d'orange confites
15 aiguillettes de citron confites
2 tiges d'angélique confites
25 dragées argentées
1 petit œuf

Pour les choux : Préchauffez le four à 210 °C (th. 7). À l'aide d'une poche et d'une douille simple, dressez des petits choux sur une plaque légèrement beurrée. Espacez-les de 3 cm afin que leur cuisson soit régulière et qu'ils ne collent pas entre eux. Badigeonnez-les d'1 œuf battu. Décorez d'un trait de fourchette. Mettez à cuire 15 minutes environ. Les choux vont gonfler et joliment dorer. Laissez-les refroidir sur une grille.
Pour les décors en pâte sablée : Préchauffez le four à 180 °C (th. 6). Sur une table légèrement farinée, étalez la pâte sur 3 mm d'épaisseur. Découpez un disque de 20 cm de diamètre et 8 petits gâteaux à l'aide d'un emporte-pièce en forme de S, de 12 cm de hauteur. Disposez-les sur la plaque du four couverte d'un papier sulfurisé en les espaçant de 3 cm. Badigeonnez d'un peu d'œuf battu. Mettez à cuire 10 minutes environ jusqu'à ce qu'ils soient dorés.
Pour le sucre cuit : Dans une casserole en inox à fond épais, mélangez l'eau, le sucre, et le jus de citron. Portez à ébullition, écumez le sirop de sucre. Nettoyez les parois intérieures de la casserole à l'aide d'un pinceau et d'un peu d'eau. Posez un thermomètre à sucre dans le sirop. Lorsqu'il atteint 150 °C, ôtez la casserole du feu et enrobez les choux de caramel. Pour cela, piquez la pointe d'un couteau dans chaque chou et trempez-les dans le sucre cuit. Puis, posez les choux sur une plaque légèrement huilée. Laissez durcir.
Procédez au montage de la couronne en collant chaque pièce avec du sucre cuit. Déposez le disque en pâte sablée sur un plat de service. Posez une boule de tissu en velours au centre du disque. Puis collez les choux et les S en pâte sablée. Terminez en décorant avec les dragées, les fruits confits et des points de sucre cuit.

VOL-AU-VENT à la RHUBARBE CONFITE et au STILTON

(page 148)

Pour 6 personnes
Préparation : 20 minutes, cuisson : 10 minutes

6 vol-au-vent au beurre fin (que vous pouvez acheter chez votre pâtissier)
2 belles tiges de rhubarbe
400 g de stilton
300 g d'eau (30 cl)
100 g de sucre en poudre
Poivre du moulin

Rincez la rhubarbe à l'eau fraîche. Coupez l'extrémité des tiges, fendez-les en deux dans la longueur. Détaillez-les en bâtonnets. Dans une petite casserole, mélangez le

sucre et l'eau. Portez à ébullition. Poivrez. Déposez les bâtonnets de rhubarbe, laissez frémir 5 minutes à feu doux.
Retirez la rhubarbe à l'aide d'une écumoire et laissez-la refroidir. Réchauffez les vol-au-vent, garnissez-les de la rhubarbe confite et du stilton.
Servez dans l'instant, accompagné d'une salade rouge ou blanche, croquante.

GIGOT D'AGNEAU

(page 151)

POUR 6 PERSONNES
PRÉPARATION : 15 MINUTES, CUISSON : 90 MINUTES
Une sauteuse en fonte

1 gigot d'agneau de 2 kg
200 g de miel de fleurs
200 g de vinaigre de vin rouge (20 cl)
750 g de vin rouge (75 cl)
6 têtes d'ail
Sel, poivre du moulin

Préchauffez le four à 210 °C (th. 7). Déposez la pièce de viande, avec les gousses d'ail, dans une sauteuse.
Badigeonnez-la de miel. Salez et poivrez, puis mettez au four. Après 10 minutes de cuisson, déglacez avec le vinaigre. Baissez la température du four à 180 °C (th. 6).
Après 10 minutes de cuisson, versez le vin. Poursuivez la cuisson pendant 30 minutes.
Arrosez régulièrement la viande et les têtes d'ail du jus de cuisson. Baissez encore la température du four à 160 °C (th. 5-6).Laissez cuire pendant 40 minutes environ.
Lorsque la viande est cuite, sortez la du four et filtrez le jus dans une casserole. Laissez réduire 5 minutes environ.
Accompagnez le gigot d'agneau des têtes d'ail confites, de son jus et de sauce à la menthe (voir recette ci-dessous).

SAUCE À LA MENTHE

(page 151)

POUR 6 PERSONNES
PRÉPARATION : 15 MINUTES, CUISSON : 5 MINUTES

50 feuilles de menthe
[illegible]
100 g de vinaigre de miel (10 cl)
50 g d'eau bouillante (5 cl)

Rincez les feuilles de menthe à l'eau fraîche. Séchez-les dans un linge. Hachez-les finement.
Dans un bol, mélangez la menthe et le sucre. Versez l'eau bouillante, remuez, ajoutez le vinaigre. Mélangez et laissez infuser pendant 2 heures.

FILETS DE SOLES À LA CRÈME

(page 156)

POUR 6 PERSONNES
PRÉPARATION : 10 MINUTES, CUISSON : 10 + 10 MINUTES
12 cure-dents en bois

12 petits filets de soles
300 g de crème fraîche épaisse
50 g d'œufs de hareng
50 g d'œufs de saumon
Le zeste finement râpé d'1/2 citron non traité
Sel, poivre du moulin

Enroulez les filets de soles, maintenez chacun d'eux à l'aide d'1 cure-dent en bois.
Faites-les cuire à la vapeur pendant 10 minutes.
Dans une petite casserole, versez la crème épaisse, ajoutez le zeste de citron.
Laissez réduire pendant 5 minutes. Salez et poivrez.
Dressez les filets de soles dans les assiettes. Ôtez les cure-dents.
Nappez de la crème au citron.
Garnissez des œufs de hareng et de saumon.

Table des recettes

REMERCIEMENTS

À Héloïse,
À tous ceux qui nous ont assistés : Soraya Winkelmann, Martine Albertin, Christine Baker-Model, Cécile Bascoul, Cécile Cerf, Yves Edel, Véronique Frantz, Dominique Giraud, Maryse Gourmand, Pierre et Frédérick Hermé, Michaël Marsollier, Jacqueline et Sigismond Model, Colette Pètremant, Rosette, Robin, Henriette et Mathilde, Skip et Pinceau, Karine Van Cayzeele, Jane Wheeler et Léon Wœrnitz
À tous les artistes et artisans, à toutes les Maisons qui nous ont aidés : Astier de Villatte : pp. 55 à 57, 65, 79, 82à 86, 95 97, 113à 115, 137, 139, 148 à 151, Porcelaine Bernardaud : pp. 61, 66, 67, 148 à 151, 153, 157, Laurence Brabant : p. 12, Clotilde Buschini : pp. 128, 129, 154, 155, 158, 159, Marie Christophe : pp. 106, 107, 154, A. et F. Clamagirand : pp. 42, 43, Claude Nature et Claude Misandeau : pp. 18, 19, 22, 23, 90, 104à 107, Au fil des couleurs et Carole Texier : pp. 2, 151 à 153, 157, 165 à 168, Cuisinophilie : pp. 46 à 49, 110, Marie Daage : pp. 152, 157, Henry Dean : pp. 18 à 23, 52, 53, 70, 71, François Deneck et Colonial Concept : pp. 29, 159, Drapeaux de France : pp. 28, 29, 42, 43, 65 à 71, 74, 113, 140, Elaïs et Elsa : pp. 12, 141, Agnès Emery : pp. 1, 20, 21, 90, 160, 161, Facteur céleste et Delphine Kohler : pp. 5, 9, 118, 119, Géraldine Gonzalès : pp. 18, 19, 22, 23, 102, 165, Gosha : pp. 130, 131, Pierre Griperay : pp. 48, 49, Habitat : p 133, L'heure bleue : pp. 95, 126, 127, Hope and Phillips : p 146, Industrielle : p 70, Kayak : p 102, Etains Michel Laude : pp. 141, 143, Luminarc : pp. 63, 154, 155, 158, 159, Manufacture de Lunéville : pp. 52, 53, 56, 57, 59, 60, Mariage Frères : p 124, À La Mère de Famille : p121, Mis en Demeure et Philippe Darraux : pp. 82, 83, 94, 104, 105, 108, 110, 111, 136 à 139, 145, 151, 152, 156, 157, Galerie Miyakodori : pp. 97, 114, 116, 123, Jonathan Moos : p 141, Christophe Nancey : pp. 40, 44, Odiot Orfèvre : pp. 72, 76, 117, Olaria : pp. 3, 14, 32, 33, Anne Orlowska et Design Nature : pp. 28, 29, Roland Roure : p 104, Galerie Sentou : p 90, Terrafeu : pp. 48, 49, Territoire : pp. 148, 149, La Tuile à Loup, Marie-France et Michel Joblin, et Maguy : pp. 27, 35, 41 à 44, 56, 57, 73, 75, 84, 95, 104, 122, 124 à 127, 130, 131, 145, 152, 156, 157, Vox Populi : pp. 14, 15, 32, 33 et Jane Wheeler : pp. 40, 122.

DIRECTION DE LA CRÉATION
Philippe Model

DIRECTION ARTISTIQUE ET RÉALISATION
Gaëlle Chartier

ILLUSTRATIONS
Sir John Tenniel et Philippe Model

PHOTOGRAVURE ET MONTAGES
Michel Sixou

RESPONSABLE ARTISTIQUE
Nancy Dorking

RESPONSABLES ÉDITORIALES
Nathalie Bailleux et Cécile Beaucourt

FABRICATION
Nicole Thiériot-Pichon

Achevé d'imprimer en Italie par Editoriale Lloyd à Trieste
Dépôt légal : 50 519, octobre 2004
ISBN : 2842775333
34/1695/5-01